在人文丛林
中　遇　见
经　营　学
1

인문의 숲에서
경영을 만나다

故事，俘获未来
社会的力量

[韩] 郑镇弘 —— 著

赵英顺　曹春爱 —— 译

时代出版传媒股份有限公司
北京时代华文书局

图书在版编目（CIP）数据

　　在人文丛林中遇见经营学 . 1，故事，俘获未来社会的力量 /（韩）郑镇弘著；
赵英顺，曹春爱译 . -- 北京：北京时代华文书局，2016.8
　　ISBN 978-7-5699-1082-7

　　Ⅰ . ①在… Ⅱ . ①郑… ②赵… ③曹… Ⅲ . ①经营经济学－通俗读物 Ⅳ . ① F272.3-49

　　中国版本图书馆 CIP 数据核字 (2016) 第 191898 号

　　北京市版权著作权合同登记号　字：01-2015-1779

在人文丛林中遇见经营学 1：故事，俘获未来社会的力量

作　　者 | ［韩］郑镇弘
译　　者 | 赵英顺　曹春爱

出 版 人 | 杨红卫
责任编辑 | 胡俊生　余荣才
装帧设计 | 迟　稳
责任印制 | 刘　银

出版发行 | 时代出版传媒股份有限公司 http://www.press-mart.com
　　　　　北京时代华文书局 http://www.bjsdsj.com.cn
　　　　　北京市东城区安定门外大街 136 号皇城国际大厦 A 座 8 楼
　　　　　邮编：100011　　电话：010 - 64267955　64267677

印　　刷 | 北京京都六环印刷厂　010-89591957
　　　　　（如发现印装质量问题，请与印刷厂联系调换）
开　　本 | 710×1000mm　　1/16
印　　张 | 16.5
字　　数 | 200 千字
版　　次 | 2016 年 10 月第 1 版　　2016 年 10 月第 1 次印刷
书　　号 | ISBN 978-7-5699-1082-7

定　　价 | 45.00 元

经营相遇人文的理由

人文学，洞察的力量

我们为什么要再三重视人文学呢？就是为了增强"洞察的力量"。这里所说的"洞察"既是"洞察"，又是"通察"。"洞察"指用敏锐的观察力看透事物本质，即洞察力；通察即通览，从头到尾全部仔细观察之意，即概观。归根结底，洞察力就是洞察和通览的融合，是洞察力和概观结合起来的。

我们生活并且要生活下去的这个时代比任何一个时代更加需要强有力的洞察力。快速进入全球化时代、数字化时代的这个世界越来越纷繁复杂。从前简单下结论和决定的事情现在不得不面对更多的变数。虽然对于每个事件分析的专家数量增加了，但把他们的意见全部综合起来，概括层次的负责判断的人不多。这是因为分析的力量也许增强了，但洞察力消失了，就是"分析过剩、洞察缺乏"了。

丧失洞察力的今天，不管是谁都不敢轻率地冒风险下决断，也不想负任何责任。满世界飘浮的灰蒙蒙的浮游物使得伸手不见五指，我们感到像是被关进了不确定和混沌的世界里。要想驱走雾一样的混沌，就得用鲜明的视野丢弃不确定因素，奔向核心的洞察力。因此我们更加渴望洞察力，渴望其所具有的潜在的附加价值大大提高。

人的经营、自我经营、家族经营、学校经营、企业经营、国家经营、世界经营等，不管哪个领域的经营，目前最紧迫而又最关键的一种本领就是洞察力。而培养洞察力最好的养分就是人文学，即人性。因此，为了得到真正的洞察力量，我们更加重视人文学，去借用人文的力量，借助人文的威力。

为了不被关进混沌的监狱，冲破不确定的城墙，走向明确而有展望的新路，我们必须要有洞察力，不墨守成规，冲破挡在路上的城墙，找到新的突破口。培养洞察力，从根部提供养分的基础是人文学。因此，为了生活，为了生存而繁荣，我们要重视人文学！

人文学的危机？　人文学的振兴！

这本书存在的理由只有一个。吸收人文学的养分，使每一个人从生活的开始就以培养洞察力为全部目的。如果能够培养洞察力，这本书即使沦落为引火柴，也不足惜。同时这本书提出了一个口号是"人文经营"。以人文学作为背景的人生经营，包括企业经营、国家经营等生活中的所有经营。我没有专门学过经营学。同样人文学也不是像上大学那样专门学习。但我敢于提出人文经营，其理由只有一个：因为我确信这才是能够生存的路。

大学学了什么专业，学历是什么，并不重要，重要的是要真正热爱生活，有毅力，有信心。有了这些，不管是人生经营，还是企业经营、国家经营，无论什么事情都能做到，这是因为以人文学为基础的真正的洞察力指引了自我。

但在大学里面还在讲"人文学的危机"。有人强调这不是人文学本身的危机，而是"人文学教授的危机"或"大学人文学的危机"。对此，我有同感。这意味着人文学的危机从本质上使大学和教授群体丧失了洞察力。真正的洞察力没有现实的紧张感是不会产生的。至少今天韩国的大学和教授群体，比过去七八十年代明显丢失了洞察力的缘故，与他们从现实的紧张感脱离而松懈下来有关。

自古以来，洞察力是现场要求的力量。在每一天变幻无常的现场，还有激烈竞争的每一瞬间，摸索生路的忙碌现场最需要的就是洞察力。尤其处在做出决定并负起责任位置的人更是如此。反复强调，人文学就是形成洞察力基础的养分。如同战场的市场上不断开拓新路子的工作现场，人文学和人文经营重新受到瞩目的原因就在这里。

最明确的证据就是这本书。从2005年8月开始，以每月一次三星经济研究所主持的人文学早餐特将"先驱21"进行的讲课作为基础，写成了这本书。每次讲课都云集500多名CEO，并不是因为另有什么了不起的畅销秘诀。他们为了重新恢复洞察力，走进陌生的人文森林里，深呼吸摄取和吸收洞察的养分。我只不过通过讲课去迎合这个时代要求和潮流而已。这就是在叫嚷人文学危机的时代、陌生的人文学早餐讲座上，为企业忙得不可开交的500多名CEO聚集的奇异的真实现场。

丧失了现实的紧张感，再也没有了决断的必要性。安于现状的大学人文学可能成为危机，但确确实实感受到每一天的生与死如同一张纸的差异，今天还在悬崖断壁前必须找出路的企业现状，因为这个人义学却迎来了新的振兴。

既是生活的学问又有生活恶斗痕迹的人文学，把从不能呼吸的现实中脱离和剥离的大学和不停地试着去挑战、冒险并以生死觉悟、就连生存保障都没有的企业，两者完全不同的现实使"人文学危机"和"人文学振兴"分离开了。

人文学，生活真正的根

这本书并不只是为企业的CEO而写的，是给所有想要自我经营，自我站起来的人而写的。12年前，为了写出关于贫困方面的书，伊尔少瑞斯（Earl Shorris）在纽约的某一管教所采访了因杀人事件服役近8年的名叫沃克·维纳斯（walton walker）的女犯人。对于伊尔少瑞斯多少古板一点的"你认为人为什么贫穷"的提问，20多岁的女犯人出乎意料地回答道："因为没有城市人能享受的精神生活。"伊尔少瑞斯认为女犯人的话有宗教意义，于是再问她："精神生活是什么？"女犯人回答道："就像剧场和演奏会、博物馆、演讲一样，就是人文学。"

是的，贫困在食量和金钱面前是思想和精神上的问题。对于贫穷的人来说最迫切的是面包，但真正紧要的应该是"自尊的恢复"。贫穷的人也通过接触中产阶级平常接触的演奏会和演出、博物馆和演讲等"活着的人文学"过程，自然而然地恢复自尊。这是因为这种经验教给人们从生活中学到深入思考、明智判断的方法。就这样，意外受到女犯人启发的伊尔少瑞斯懂得了贫穷的人比任何人更为迫切需要人文学。1995年，他针对街头流浪者、贫民、吸毒者、犯人，开了具有正规大学水平教人文学的"克莱门特无偿讲座"。

与以往贫穷的人通过"康复训练"克服物质上贫困的过程不同，克莱门特无偿讲座讲授哲学、诗歌、美术、逻辑学、历史等人文学，而恢复精神和灵魂的力量，以这些具有真正的"康复意志"为目的，其结果非常成功。最重要的是他们恢复了自尊，对生活有了以往没有的肯定态度。

伊尔少瑞斯为贫穷和被冷落的人进行人文学教育的目标只有一个，就是"教他们对生活反省的方法"。他说："贫民是被恶劣环境和不幸包围的人们。一旦被关在包围网里，为了生存能做的事情只有迅速地应对。但如果用反省和肯定的思考代替迅速应对，生活就会改变。通过人文学，他们开始反省和肯定的思考，拥有想过另外生活的愿望。"

就这样"从根本上教会重新开始"即人文学。对于人们找到生活的新目标，人文学的力量比什么都重要。就像伊尔少瑞斯再三强调的一样，因为人文学引导人们变得自由、重新思考日常生活，开始不被过去所压迫。事实上人文学引导人们重新反省自己走过来的生活，摆脱"软弱无力的包围网"，为自律、自信地开始日常生活提供真正力量的源泉。

人文学蕴藏的力量

从古就说"文、史、哲"，即文学、历史及哲学。首先，文学不是技巧的产物，文学反映人的心灵及灵魂；历史是褒贬，历史是一面镜子使人自我反省，洞察前进的方向；哲学不仅仅是观念的堆积或思虑的游戏，而是通过深思和宽阔的视野不断发现生活真谛的过程。因此，文、史、哲才是人文学的本质。

文、史、哲绝不是世间常常误解的、剥离了观念的集合，而是紧张生活中展开的巨大的魂魄运动。

2006年5月，美国普林斯顿大学给世界最伟大的拳击手穆罕默德·阿里授予了名誉人文学博士学位。其实可以授予给他体育学或保健学或者经营学或行政学等学位，那么执意授予给他名誉人文学博士学位的理由是什么呢？也许是重视了穆罕默德·阿里的人生和不肯认输的精神吧！阿里在没有常胜常败的残酷职业拳击的世界里，两次丢失了世界重量级挑战赛，但三次获得重量级冠军，用自己的实力证明了真正的胜败是什么。1980年，阿里以38岁的年龄退出拳坛，在他二十年职业生涯中取得了"61战56胜（37 KO）5败"的辉煌战绩，但他的战斗并没在这里结束。这个伟大的拳击手在人生最后阶段与帕金森的病魔殊死搏斗着，他有可能失败，但即便是失败也会使他变成伟大的人。我认为只凭这一点他完全有资格拿到名牌大学普林斯顿大学的人文学博士学位。付之一炬的他，其人生本身就是在剑拔弩张的紧张里更加发光的博爱（新人文主义），即符合活生生的人文学精神。

是的，人文学是活生生的，流着血、被汗水浸透。被生活的绸缪和凄惨挣扎、呐喊打垮的是人文学真正的面目。我在人文学课上经常谈论战争、极限的探险和冒险的理由正是这个原因，因为这才是活生生的人文学。因此真正的人文学只能以"训诂学"存在，这是因为人文学是本质上激活的"变化之学"、持续的"生活苦斗"中郁积而形成的灿烂晶体的缘故。

人文学的确是活着的，可以呼吸的，那里有人类的欲望和感觉的突起、还有梦想搅在一起。因此，欲望、感觉、梦想才是人文学永远的主题。其实任何一个洞察，如果不能囊括和占有人类欲望、人类感觉，还有人类不能主导的梦，就毫无用处。

人类的学名是智人（homo sapiens），即"思考的人"，但人不只是思考而生存，因此既是智人（homo faber）又是游戏（homo ludens）的人，是不断"创造的人"、不停"游戏的人"；不仅如此，既是"爱说话的人（homo loquens）"同时又是"同性恋者"（homo sexcus）；既是"说话的人"，同时又是"用身体、情感交流的人"。人文学正是多面体，包含完整的变幻无常的样式。

人文学，即新人文学主义（博爱）也是人的学问。人是不断变化而存在，而不是完成而存在，因此"并不是人本性（human），而是人力车"。像个人一样内外发展必须有博爱，即人的学问之一的"人文学洗礼"，同时人文学始终在思考变得像个人一样应该需要什么的永远做不完的作业，归根结底人文学隐藏的力量就是变成像个人的力量。通过呼吸的人文学，我们也变成人吧！

郑镇弘

2007年11月

目 录
CONTENTS

第一章

历史，繁荣和衰亡二重奏——兴盛史

以武力坚守者只能成就一个英雄，

以威严坚守者能守住一个国家，

但以德坚守者能撑起天下。

中国刮起的康熙浪潮

近年来中国正在增强海军军力，表明了国家壮大海洋力量的雄心壮志。另外就是与非洲之间的外交局面打开了。中国历史上，从1405年就开始使用过这种外交技巧近28年之久的有一位人物，就是明朝宦官郑和。郑和30多年来经过中国东海和马六甲海峡到了现在的阿拉伯海，直至到达东非沿岸共往返过7次。

当时明朝敞开了国门，但郑和远航后敞开的国门后来又关闭了。禁止出入海，相反，用了近60多年的时间重修了万里长城。现在的万里长城是在明代戚继光将军指挥下重修的。秦始皇是为了阻挡匈奴的入侵而修了长城、明朝是为了阻挡塞外游牧民族的入侵而修了万里长城。但万里长城不管是秦朝的还是明朝的都未能阻挡入侵的敌人。砌城墙者反而关在城里最终灭亡。

明朝经历李自成之乱走上了自灭的路。性情温顺的崇祯无法阻挡李自成起义军而被迫自缢了，但李自成未能登上皇帝的位置。这是因为后期三藩之乱首要人物即驻守山海关的将领吴三桂打开城门向清军投降，多尔衮（小顺治帝的叔父）带领八旗军15万余人趁机入关占领了北京。

结果，清太祖努尔哈赤平定了满洲一带，经历第二代太宗皇太极，第三代顺治帝在1644年入关北京，明王朝时代落下了帷幕。

清王朝入主北京后不久，国家进入了一种盛世状态。130多年的清王朝就像坐落在稳固的磐石上一样，延续了灿烂盛世的康熙帝、雍正帝、乾隆帝的统治。在这个出发点上的是康熙帝。

那么康熙帝到底是何人物？到底有什么了不起呢？

康熙帝在中国历史上堪称圣君，他是努尔哈赤的曾孙子，1644年入主北京名副其实地成为中原胜利者的顺治帝的儿子。他8岁登上王位，到了14岁开始亲政，是历代皇帝中少有能做皇帝做到胡须变白，在皇位上长达61年。建立国家是他的曾祖父努尔哈赤，而他是真正取得康乾盛世的清朝实质的创业主。

其实康乾盛世是包括康熙帝、雍正帝、乾隆帝在内的清朝133年的统称。清朝第四代皇帝康熙帝（康熙帝，1661—1722年在位）打下了清朝的根基，第五代皇帝雍正帝（雍正帝，1722—1735年在位）确立了健全的风气，第六代皇帝乾隆帝（乾隆帝，1735—1795年在位）继承先祖精神完成了康乾盛世。

千里马常有而伯乐不常有

明朝的汉族虽被满清王朝以军事臣服，但始终坚守着不向满族王朝为奴的强烈的自尊心。康熙帝打破了血缘相关的顽抗阻碍，把汉族的能量用到了新国家建设上，发挥了惊人的领导才能。与只懂满族语的父亲顺治帝不同，康熙帝学习汉语，为包容汉族而尽力。

据推测明清交替时期中国人口近1.5亿人。有的人说是3亿人，但按照壮丁数量收取的税收来计算，1.5亿人更为准确。分散在东北三省的满族顶多有80万到100万人。进入北京城的满族，所谓的建州女真族的八旗军数为15万人，即约15万人的满族要领导超过人数1000倍的汉族。那么康熙帝以15万边疆的少数民族领导超过1.5亿人的汉族268年间，基础是什么呢？

康熙帝超人的领导才能之源泉中最重要的是重视人才。有句话说"千里马常有而伯乐不常有"，在这里伯乐是春秋时代的人，神眼一样挑选出良种种马的人物。即人才常有，但能够认出人才的是有眼光的人，不管在古代，还是现代都非常稀缺；即使能够认出人才，但想要得到人才也需要先得到心。

康熙开始掌握北京的时候，有名望有气节的汉族学者顾炎武、黄宗羲、孙起风、李贽等人认为不能侍奉两个君主，谎称瘫痪拒绝起身。为此，康熙帝为了回转其中士大夫李贽的心，7次亲自拜访他。1678年，为了笼络知识分子，康熙新设了科举考试的一种博学鸿词科，但汉族士大夫们一个人都没有应试。康熙帝苦思冥想后，不用满族而是让汉族负责编撰明朝历史，但连这个方案也成果甚微。

尽管如此，康熙帝很清楚想延续和发展清王朝必须要有汉族的参与，因此不断地思考怎样化解满族和汉族的矛盾及实现和解和统一的方案。康熙九年（1670年），康熙帝命令"满汉一起举行乡饮酒礼"，即举行了满汉全席的大宴会。

这个宴会很成功。当时汉族和满族各自拜不同的祖神，因此在一起举行乡饮酒礼就等于对各自祖神不恭敬。但康熙帝善用烹饪秘诀，以色、香、味、健康4个标准，最终挑选的共108种满食和汉食摆放在一张桌子上，让没被录用的士大夫的汉族官吏和满族官吏一起用餐，让他们很自然地和解。汉族和满族之间的矛盾与不和就像满食和汉食一样有很大的差异，但皇室的大宴会是"通过饮食的国家统一"，显示出康熙帝柔和战略的杀手锏。

再怎么你争我斗憎恨的关系，在饭桌上变得宽容、变得亲密是人之常情。康熙帝有意识的和解和统一的努力，一直延续到1910年因辛亥革命而退位的末代皇帝宣统帝溥仪为止，并发挥了其效率。超越了谁统治谁的意义，满族和汉族的能量加在一起引出了效应。"康熙—雍正—乾隆三代133年"的清朝黄金期终于通过满汉全席发挥出了满族的气派和汉族文化的上升作用。

锻炼吃硬肉的习惯

有记载说康熙帝看书的时候吐过血，是一位如此狂热求学的皇帝。他从汉族出身的儒学者那里学习朱子学、耶稣会出身的洋人神父那里学自然等，求学问不分领域。他这样的好学和求学热，以及不断探究为清王朝文化的鼎盛奠定了基石。

康熙十六年（1677年），康熙帝在北京建立了南书房，每天到那里读书。

当时叫南斋的南书房支持皇帝的所有学问活动、艺术活动，不只为皇帝编撰书，还涉及诗歌、书画、钓鱼、花草欣赏、宴会、歌舞等文化活动。

康熙帝在朱子学和数学、自然科学等方面也非常有造诣，还编撰了并不是母语的收录49000多汉字的中国最优秀的词典《康熙字典》，打下了现今中国语的基础。不仅如此，他还编撰了《朱子全传》和《圣谕十六条》，是位卓越的文化君主。此外，他的书法也很出色，远近闻名的少林寺匾额就是他的手迹。

康熙帝好奇心非常强，喜欢探究事物是由什么形成的，是怎样启动的，对天文学、制作地图、光学、医学、代数学等方面也有与众不同的见解。他是位开放、灵活思考的人。与耶稣会传教士保持良好的关系，从他们那里学习各种历学、医学、艺术、天文学。向耶稣会传教士南怀仁学习几何学，向法国的张诚、白晋和葡萄牙的徐日昇学习数学。尤其是白晋，在康熙二十一年（1682年）来到中国，近30余年教康熙帝医学、化学、物理学的常识和阿拉伯古典。

康熙帝甚至在与沙俄的《尼布楚条约》的谈判桌上首先选派了传教士，可见康熙帝对他们的信任程度。就这样康熙帝的视野并没局限在中国国内，即一边学"四书五经"，另一边在学西洋古典，是一位卓越的启蒙君主。

勤奋好学的康熙帝倾注心血最多的领域是教育。在中国历史上，书院发展盛行的时代也是康熙时代，仅当时新建立的书院就大约有537家，重建的书院284家。他在位时800多家书院新建或重建。不仅如此，他还设立博学鸿词科等科举考试实施教育振兴政策，这些对社会稳定和文化发展都起到了重要的影响。

康熙帝膝下有35位皇子和20位公主，对他们的教育也倾注了极大心血。除了夭折的11位外，存世的24位皇子全部学习经营、史学、文学、算数、几何、天文、力学等领域文理知识；学习骑马、射箭、游泳、狩猎等强健身体本领；培养书画、音乐等兴趣爱好；还跟父皇到民间亲自体验地方现实和参与战争。对此，传教士白晋说："皇帝从小在恶劣的环境下锻炼皇子们，锻炼吃硬肉的习惯。"

今天是人生末路的觉悟生活

中国古代很多皇帝都与长寿不搭边。一生寻找长生不老药的秦始皇也没活过50岁。

皇帝短命的理由可以作两方面说明。一是过度疲于国政而累死；二是被宦官和大臣篡夺了大权，皇帝成了瓮中之鳖无可奈何地只能在宫里过度房事而早衰。

但康熙帝不是那种被宦官和大臣包围的有名无分的皇帝，虽然疲于国政，但不会变得软弱无能。拥有纵横疆场满族血统的他，一有空就参与狩猎，保持能够支撑忙于国政的体力，甚至到了67岁还能在青海击破噶尔丹部队，进军西藏，保有让人俯首称臣的体力和精神力量。

想在皇帝的位置上坐好就要承受巨大的国政压力。清朝开国皇帝皇太祖努尔哈赤、太宗皇太极生活在满洲，像祖先一样驰骋在草原上，喜欢狩猎等，与国政相距甚远。而在北京建都的第三代世祖顺治帝23岁，正当年轻力壮时夭折了，急剧的环境变化或许是他夭折的原因吧。其后的圣祖康熙帝统治了清朝61年，享受了史无前例的长寿。

康熙帝不仅展示了学者风范，同时也展现了巨大的武力。康熙二十年（1681年）镇压了三藩之乱，清除了明朝的残余势力，1683年收复台湾并纳入清朝，1685年击退了沙俄部队，攻占了雅克萨要塞，签订《尼布楚条约》阻止了沙俄南下。

1696—1697年，康熙征讨了当时叫作准部的准噶尔部（准噶尔，17世纪初建立，直到18世纪中期存续的厄鲁特），头目噶尔丹最终自尽。两年后的1722年，康熙帝再次击退准噶尔，巩固了国家对西藏的主权。当时，中国成了除俄罗斯之外第二个掌握广阔领土的国家。康熙帝是文武兼备的君主。

从统一春秋战国的秦始皇到清朝末代皇帝溥仪，历代220位皇帝中，康熙帝在位时间最长。康熙帝的孙子乾隆帝在位60年，但他自认为不能超越其祖父61岁的盛世，主动退位之后做了三年太上皇便驾崩了。以生存时间计算乾隆帝的寿命最长。

在位时间最长的皇帝无可非议就是康熙帝。说在位61年，其实是一个人一生的全部岁月。康熙帝长期统治，临死前5年留下遗书，即遗诏中有这样的句子：

朕临御至二十年时，不敢逆料至三十年，三十年时不敢逆料至四十年，今已五十七年矣。

康熙帝勤勉一生无休息之日。谁会料到自己能活到几岁呢？今天平安无事，但明天谁知如何。康熙帝始终以今天是自己人生末路的觉悟生活着，这样累计了61年，成就了康乾盛世的基础。

作为主人的皇帝理所当然要节制

康熙帝时代与欧洲君主王朝是同一时代。康熙二十一年（1682年）彼得大帝被立为沙皇，法国国王路易十四在康熙五十四年（1715年）死亡。当时清王朝不亚于拥有法国国王太阳王路易十四、沙俄启蒙君主彼得大帝的欧洲，是个拥有世界级版图的国家，国富方面排在沙俄和当代欧洲最强的法国前面。一句话康熙帝作为帝王统治了这个在地球上最强大的国家整整61年。

传教士白晋呈给路易十四的报告书上这样写道："康熙帝虽然是世界上最富裕的君主，但作为皇帝的生活用品与奢侈或豪华相差很远，甚至朴素透顶，在历代帝王中是史无前例的事情。"

康熙帝与奢华的历代中国皇帝们相差甚远。他对儿女们说："不要纠缠数千两银一件的毛皮大衣，那不是必需的东西，何况流行趋势总是在变。"这位勤俭节约的君主在他亲自写的《勤俭论》有这样一句话："所有费用都是老百姓的血汗得来的，因此作为主人的皇帝节约再节约是理所当然的事情。"

康熙帝从小就作风端正、谨慎，喜欢书画和武艺、狩猎，远离酒色。一生勤俭克制对享乐的欲望。皇帝的这种勤俭节约成为一个国家的风气，积累的财富也用到紧要的再生产里。举个例子，康熙把明朝皇帝的奢侈和享乐作为他山之石，果断缩减了皇宫的支出。康熙二十九年（1690年），大学士们把明代皇宫和当时的财政支出做了比较，1年使用的柴火和煤的消耗量明朝各是2686万斤和1208万斤，但康熙帝时只不过600万斤~700万斤和100万斤。还有明代皇宫使用的床上用品和地毯的制作费用支出1年28200两，但康熙帝时几乎找不到这样的支出。

不仅如此，康熙帝平定了三藩之乱后的1712年打破常规定下了"盛世滋生人丁"的措施，从中可看出他的治世之道。社会安定、国库丰盈后给百姓减免税收，康熙二十四年（1685年）每个省都大规模进行普免的租税减免。但这只是有利于占有土地多的地主的政策，因此康熙五十一年（1712年）再次实施"盛世滋生人丁"。按壮丁的人头数收取的人头税，以康熙五十年（1711年）的壮丁数为定额。就是对康熙五十年之后出生的成人不收税之意，这是件史无前例的事情。就这样康熙帝统治时期富裕而充满自信。

愿以一人治天下，不以天下奉一人

康熙帝一旦脱身国务，就去狩猎或远征等不间断地活动身体，康熙帝尤其远离女色。依据《康熙会典》记载，居住在乾清宫里的宫女只不过134人，是比历代皇帝少之不能再少的人数。

加上他对自己的荣华富贵并没有多大的关心。康熙四十二年（1703年）接近康熙帝生日时，大臣们给他送过马鞍，但康熙帝甩掉礼物说："朕的生日你们送这样的礼物，地方官吏也就跟着送的，因此朕不能接受这个礼物。"

还有这样一件事，60岁生日前夕御驾出巡的康熙帝一进北京城，臣僚和百姓伏倒在路边庆贺生日，康熙帝露出不悦的表情说如果事先知道就不允许做了。不仅如此，康熙六十一年（1722年）因病驾崩的一个月前，看到下一年召开盛大的70岁生日宴的上疏，一句话就给抹杀了，当时康熙帝说："愿以一人治天下，不以天下奉一人。"

康熙帝是位大帝国的皇帝，但没得"名声病"。他既没有物质欲，又不贪名誉。康熙二十年（1681年）平定三藩之乱后，臣僚们要提高尊号，但康熙帝认为这是华而不实的虚名而拒绝了；康熙六十年（1721年）三月初四，文武百官庆贺康熙帝御极六十周年，联合上疏康熙帝近20尺的尊号"圣神文武钦明睿哲大孝弘仁体元寿世圣皇帝"，谁知被康熙帝严厉地训斥一番。

他能够这样拒绝尊号是因为能够慎重反观自己，是位慎几微的人。慎几微即"谨慎检点萌芽中的微小杂念，严格律己"，是《康熙文集》中收录的第一篇论文。这是论皇帝自身修养的问题，以敬慎之心执掌国政之意。下面是康熙帝的修身品德：

- 心智双修。
- 宽人严己。
- 勿以善小而不为，勿以恶小而为之。
- 乐而不淫。
- 鞠躬尽瘁。
- 愿以一人治天下，不以天下奉一人。

帝王应该果断而慎重。修身齐家治国平天下，不修身就不能治理天下。朱镕基曾说过"康熙帝的统治哲学和修身治家的智慧开启了中国的黄金期"。因此皇帝的一举一动与国家的兴衰有直接的联系。越是位高权重，堕落的机会也越多，如果不完善自我修养、不坚决抵制外来的诱惑，后果不堪设想。因此粟谷李珥和退溪李滉一致强调"慎独"，即使一个人也要慎重。任何人都有烦恼和杂念，只有甩掉杂念的人，才能成为领导。遇到危机时，普通人往往使事情变得更加复杂，真正有领导才能的人才能简单明了地处理复杂的问题。

不仅如此，心和智慧同修之意的"心智双修"也是领导的品德。想谋事，只用脑、只用心或只用热情是不可能的，这时还需要智谋。领导要有宽人严己的必要；勿以善小而不为，勿以恶小而为之；乐而不淫。

德胜才，即品德胜才能

康熙帝说过"以武力守护者只能一个人称雄、以严来守护者能守护一个国家、以德守护者能平天下"。德胜才，即品德能胜过才能之意。康熙帝深知得到百姓的心是德，而不是才能。强调了想要国家长治久安，以德来赢得民心是首要，在此基础上并不是用石头和沙子，而是用百姓团结在一起的心来砌城墙，才是上上策。

总之所有的政治思想和政治家的志向就是安居乐业，即百姓毫无担忧地生活、愉快地工作。任何政治思想都离不开这一简单的原理。

康熙帝历经8年多时间完全平定三藩之乱后，就开始实现"太平天国"的远大理想。中原18个省全部得到了安宁，边疆西藏和西北地区、蒙古和东北地区等也都回到了治理正道上。当时百姓的吃住问题成为最为紧迫的问题。康熙帝把民生安定休养生息的课题通过无为之治来完成了。

无为之治是老子的主张。所谓的用无为来治之意，即强调"要知道我在这里"的领导，才能成为真正的领导。

康熙帝是用了61年时间实现了这一无为之治的皇帝、不治即治的皇帝。不治被治才是最优秀的领导。他强调了"天下的利益给予百姓"，这个与现在的企业管理也没有什么不同，即不出头也被治、被指挥、能够向着一个方向走，才能让员工安居乐业。

孔孟曾说过"正道才是王道"的话。用兵之道在于乘机，应该居安思危、备而后断。想要得到人就要笼络人心，善于发掘德才兼备的人才，知人善任，信者不疑，同时恰当灵活地使用目标和手段，不要忘记武能定国、文能兴国的道理。

康熙帝的治道融合了老庄的无为之治和孔孟的王道政治。他"重视王道，抑制败道""比起治更重视道"来经营天下；验证了"无为之治"的同时，"天下利益归于百姓"的道理。因此他说"拯救天下危险者，才能使得天下太平；解决天下忧愁者，才能享受天下；拯救天下祸害者，才能得到天下之福"，这就是康熙帝的统治思想。

鞠躬尽瘁，公仆为领导能力的核心

中国的皇帝是个特别的位置。所有文武百官面向北时，只有皇帝面向南。还只有皇帝用红色，用朱墨来写字。遇到"皇帝"一词时，就要重新换行写文章，必须比其他行的首字提上去。另外与皇帝一样的名字和字，谁也不能使用。例如，康熙帝的儿子大阿哥叫"胤禔"，四阿哥雍正帝叫"胤禛"。"胤禔"虽然是大阿哥，但与登上皇位的雍正帝"胤禛"不能用同一个"胤"字，因此就换了字。如果要觐见紫禁城里的皇上，他就要从午门经过内金水桥再通过太和门。

但就这么特殊的中国皇帝康熙帝的座右铭是"鞠躬尽瘁"。"鞠躬"是尊敬而用真心低下头之意。这与一切之上、拥有一切的皇帝的身份不符合。因此文武百官屡次进谏"鞠躬尽瘁是下臣所用的话，用于皇帝不恰当"，但康熙帝绝不妥协，甚至回答"朕是天下的臣子，因此不能疏忽任何事，君主直到死的一瞬间也不能歇息"。《康熙会典》有这样的话"文武百官退朝后可以在家里休息，但我无处可休"。康熙帝结束每天的工作直到进寝宫前为止，阅着奏折就入睡的日子数不胜数。

康熙帝临死前5年的1717年写下了告别书。回顾50余年的统治，留下的遗诏很短，但他为了写遗诏思考了10年之久，加上了一句话"就如同肝胆和五脏全部拿出来给人看，吐出了心里的话"。遗诏没有罗列单纯的怀念之情，而只是给子孙以教诲和想给自己的历史打打分而已。尤其"不勤于一件事，就给天下增添隐患；不勤于每一瞬间，就给万代留下隐患"的句子，这是当今领导们有必要在内心深藏的警句。

康熙帝在遗诏上告知，"我为天下，殚精竭虑"了。

能够敢于说出这样话的领导能有几个？在这些方面康熙帝是伟大的领导。

康乾盛世133年的连接点：雍正帝

康熙帝为康乾盛世133年打下了坚实的基石，雍正帝即位后为乾隆帝打下了60年太平盛世的基础，并加固了堤防。

康熙十四年（1675年），康熙帝被文武百官催促应该早点定下继承者，把正妃唯一所生的胤礽立为皇太子。但意想不到的是康熙帝长期握权，在皇太子位置30余年的胤礽的势力扩大到藐视皇位的地步，康熙帝在康熙四十七年（1708年）废除了太子胤礽，胤礽33年来掌握的太子权位就这样落下了帷幕。废太子的理由如下"不仅不守祖训和不遵循朕的教训，还滥用职权、结党派、凶残及淫乱、偷盗国库参与国政等，很难一一列举"。

决定废太子后康熙帝痛惜、愤怒、失望、担忧、怜悯等涌上心头，连续六天寝食不宁，每当提及此事就怅然流泪。独一无二的康熙帝在决定废太子时，也经历了凡人的痛苦和悲痛。之后伤心过度，七十多日躺在了病床上。

接着23位皇子开始了抢夺储位的大战。其中皇长子胤禔和皇八子胤禩成为有利的候选人。他们的背后有一定的势力。康熙帝看不下去皇子们为争夺储君的斗争，废太子一年后终于复立，胤礽仍为太子，虽然不是皇帝的料，但其目的是阻挡兄弟间的互相残杀。尤其是要阻挡权利倾斜到八皇子胤禩，无可奈何所采取的措施。

在其他皇子争夺储位暗斗的时候，唯独有一位对储位淡然的皇子帮助了父皇。他就是以后成为雍正帝的四皇子胤禛。当时胤禛没有后台。其他皇子为了争夺太子的位置，对父皇的健康之类根本不关心，但胤禛体察康熙帝的内心苦楚，以孝诚之心打动了康熙帝的心。有人说这只是演戏而已，但演戏也是一种才能。康熙帝在死之前对大臣们提起胤禛说："人品高贵而慎重像朕，接替我让他当皇帝吧！"就这样不被重视的四皇子胤禛一下子登上了皇位。

治法不如先治人

雍正帝尝到了人生酸甜苦辣，直到45岁才登上皇位。其实包括雍正帝在内谁也没有料想到康熙帝之后他能够登上皇位，康熙帝61年统治期间生下了许多的皇儿皇女，其中能够成为皇帝的皇家家谱上的皇子就有35人。围绕他们进行的宫内复杂的暗斗使康熙帝统治末年陷入困境。康熙帝两次废了转眼间威胁皇位的皇太子，在复位的过程中丢失了皇子、大臣。亲历争夺太子过程的雍正帝为了避免权位相争，骨肉相残的事态再次上演，便封锁争权的源泉，创立了所谓的秘密立储法。秘密立储法是不公开继承人，皇帝把继承人的名字事先写好放在匣子中密封，置于乾清宫"正大光明"匾后，皇帝驾崩后大臣们从匣中取出宣读的方法。

这个方法在雍正帝之后，至少在皇帝在位时避免了因皇子争权而引起的激烈斗争，避免了国家力量消耗在权力争夺上，即雍正帝机智地预防了"跛脚皇帝"。

另一方面，雍正帝是一位不断学习的皇帝。他在位13年间从深夜到凌晨以超人的精力处理国务。凌晨起来不是读先祖的实录和收集下来的帝王教诲的诏书和谕旨，就是与大臣们商议国事。下午还利用特别觐见的空隙，叫来当代的大学者听经书和历史讲义，并跟他们一起学习。

雍正帝因统治13年间强力而气势逼人的亲政，被称为"冷血君主"。不惑之年身为皇帝的他熟知宫中政治阴谋和争斗。因此一登上皇位，他就毫不留情地把烂脓挤出来后输入新血，即着手录用人才的工作。他认为治国要用人，用人要缜密观察。他曾说，"找出人才是帝王的首要任务"，他对选拔人才倾注了心血，明了私下用人不能治天下，公平用人才能治理天下之意。

尤其，雍正帝很早就对原有的科举制度根深蒂固的弊病了如指掌。其弊病是应试者和考官以科举结为朋党的惯例。因此雍正帝不是通过科举来选拔精英，而是直接选拔有文字实力和实务能力好的人，同时比起治法更优先治人。雍正帝非常清楚真正的治，只能在得到人才时才能实现，只靠法是无用的道理，因此他爱才惜才、广为求才。一句话，雍正帝是会用人的皇帝。

不仅如此，雍正帝坚持完整处理业务的风格。他接到奏折就阅，并立即下批文（批文即皇帝在奏折上写的赞成或反对的答复），而且经常熬夜。白天见大臣商议国政，夜晚读奏折读到凌晨。大臣秘密奏折，皇帝亲自阅后写朱批，从中看出雍正帝对国务倾注了多少心血。雍正帝留下来的满语和汉语朱批共计达到7000~8000册。雍正在位13年就早早驾崩很可能就是过度疲劳的缘故。

雍正帝还是一位倾听现场声音的皇帝。他为了防止地方官吏无事上京，下命令有相告的事情上京前写奏折。每天晚上熬夜阅各地送上来的奏折和写朱批。就这样，他将包含现场的声音的奏折原本和亲自写的对策即瑜旨112卷编在一起编撰了《雍正朱批谕旨》。

雍正帝在位时间相对较短，但他一直在不停歇地工作。只要是富国强兵，再怎么没人气的政策也果断推进，是一个"实践的君主"。康熙—雍正—乾隆持续的130余年的康盛期，中间有了雍正帝，才有可能持续下来。实践的君主、克服跛脚的君主、倾听的君主、学习的君主、注意倾听现场的君主，尤其是公仆君主，雍正帝可以说是名副其实伟大君主的榜样。

雍正帝在位5年之内，银的储备量比康熙帝时增加了5000万两。但他简朴，甚至在宫里没有为自己加设一间屋子，他以"愿以一人治天下，不以天下奉一人"为座右铭，从夜晚工作到凌晨，是位"严格律己的君主"，被认为"为君难"的皇帝。

雍正帝留下了"天下大乱，达到天下大治"的名句。一旦国家发生危机或内部混乱而民心动摇时，趋炎附势谋私欲的人便显出本来面目，雍正帝抓住这个机会扫荡宫中邪恶的盗奸。这样的行动表现了坚韧凶残的狼的属性，雍正帝以此作为其治世的原则。其实他经常与父皇去狩猎狼。通过狩猎看透了维持有秩序纪律的狼的属性，并把这些应用到统治上。

雍正帝打破了延续一千年的地缘、学缘、血缘为主的根深蒂固的跛脚政治，整治贪污腐败、贴近民政，果断地任用人才等显示出卓越的政治才能，还留下了解放贱民等德望高的君主威名。他亲身证明了通过卓越的洞察力，以"坚忍不拔"的精神能够撼动世界的事实。

其实，雍正帝夹在中国历代皇帝中最灿烂鼎盛期——康乾盛世133年中各自60年左右的康熙帝和乾隆帝的影子里，不受瞩目，往往做了果断的决定而受到责难或贬低。但如果没有他，康熙—雍正—乾隆的顺序延续的三代133年的鼎盛期肯定不会存在。清朝末年儒学者梁启超说了这样的话："康熙帝宽大，乾隆帝缜密，如果雍正帝没有抓好秩序，那么清朝走不了多远就倒下了。"

居安思危，安乐的环境中要想到伟大

乾隆帝是太子秘密立储法实行后的第一个受益人，又是祖父康熙最爱惜的孙子。亲历康熙帝统治中围绕着继承体系展开的残酷而无情暗斗的雍正帝建立的太子秘密立储法，使得乾隆帝不同于父亲雍正帝，顺利而平坦地登上了皇位。

雍正十三年（1735年），雍正帝驾崩后乾隆帝以24岁的年龄不经过皇太子位直接即位了。乾隆帝在位期间是文治武功的时代，即"以文德治理国家，以武威立功"的时代。

乾隆帝以康熙帝积累的财政为基础，形成了政治安定、文化成熟的鼎盛期。即位初期致力于阻止满汉族间的摩擦，禁止朋党争斗和皇族间的结党等国内治理，到了晚年以小金川平定（1749年）、准格尔平定2次（1754年和1757年）、维吾尔平定（1759年）、大金川平定（1749年）、伯马（缅甸）平定（1789年）、尼泊尔平定（1790年和1792年）等近10多次立下的战功，自称为十全老人，并取得了比现在中国更大的历史版图。

他不仅知识和经验丰富、文武兼备、智慧英勇，性格也比较随和；同时文化底蕴也非常深厚，在通过耶稣会传教士广泛地引进西洋学问和技术等方面开展了丰富的文化活动。

10年之间，动员361位大学士们编撰了至少36000本的学术书籍，这都是世人皆知的事情。这些书制作成四部，分别保管在四个地方，因此得名《四库全书》。朴齐家、洪大容、朴趾源等学者都接触了此书，因此当时的朝鲜也在实学上得到了受益。

乾隆帝与父亲一样也认为人才关系着一切。就像汉高祖刘邦有张良、萧何、韩信；三国刘备有诸葛亮、关羽、张飞；唐太宗李世民有魏征、房玄龄、李靖的帮助，才能够完成千秋大业一样，乾隆帝始终在寻找和重用人才方面倾注了心血。他在鉴别人才的方面也发挥了独特的才能。

乾隆帝潜心研究先代皇帝康熙帝和雍正帝的治国方针。比如康熙帝以仁厚而成功，但却因仁厚导致了官吏的腐败；雍正帝以严谨而成功，但极度的严谨，形成了呆板和恐怖。看着他们治世过程长大的乾隆帝融合了康熙帝的仁厚和雍正帝的严谨，努力坚持宽严相济的原则。因此他宽仁而不"放任"，他严格而不"严酷"。他认为不要过分勒紧或松散，既不懒惰也不焦躁，才能大公至正，即才能极其公平公正，才能兴国。

　　乾隆帝治乱兴亡比历史上任何人都更精通。他喜读唐朝吴兢撰写的《贞观政要》，这本书是历代皇帝们的必读书，是一本既生动而又实事求是地叙述了唐太宗的治世和功绩的书。尤其《贞观政要》成功地汇编了修身齐家治国平天下的实例，提示了怎样治国、掌权、做人事安排，怎样权衡利益与弊病、控制臣僚、阻止腐败、消除祸根，怎样通察民心等一系列有关的治世智慧。

　　乾隆帝从小喜读历史丛书，尤其这本《贞观政要》不仅反复读，还经常带在身边作为治世和治理的"镜子"。其中的"居安思危"始终是放在他心里的警句。这里危险的"危"改为伟大的"伟"，就变成安逸时反而想着伟大了。

　　其实"好的"与"伟大的"正相反。总是安于一个地方就等于安乐死，即不要只停留在好的地方，应该向伟大前进。乾隆帝始终铭记在心里的居安思危是当今我们所有人都要铭记在心里的品德。

康熙、雍正、乾隆的启示

乾隆帝在两代皇帝73年来建设的基础上取得了60年经世济民的伟大业绩。以丰足的财政扩充，打开了清朝百姓讴歌和平的时代，甚至开创了协和万邦的伟大的治世局面，其影响力甚至波及欧洲和东南亚。60年建国治国后，乾隆帝考虑到宠爱自己的祖父在位期限，主动让位，成了太上皇帝。其实加上他在太上皇帝位的三年，是在中国历代皇帝中在位时间最长的皇帝。

康熙、雍正、乾隆留给当今的启迪不计其数，但最少有必要记住下面的这三句：

"慎几微，鞠躬尽瘁"

消除心底的杂念，自我约束，鞠躬尽力。

"为君难，因此要坚忍不拔"

做君主非常难，因此要坚强而经得起考验，不要动摇。

"人公至正，协和万邦"

公平正直，让世界和平。

第二章 创意性，创造新文化的力量

我们要通过人文学漫长隧道的理由，
就是躲藏在我们无意识中的创意
推向有意识的方向。

创意性，不停地产生差异的产物

近来很多企业强调创意性，但创意性不是有模有样浮现在大脑里的概念。想要把创意性联系到我们的现实中、事业中、生活中，就要首先找到与此关联的具体的故事。

创意性简单说就是制造出创造性的东西。创意性决不是某一天突然从地上冒出、天上掉下来的。这是从原有的东西中脱离出来的，与众不同的差异不停地持续时才出现。很久以前就称之为创意性代名词的列奥纳多·达·芬奇曾经说过"不要停留在铁片，要把它变成刀片"。

不管是铁片还是刀片，铁就是铁，但一个可以切纸，而另一个不但不能切纸，就连萝卜都切不动。那么铁片要想成为刀片将怎样做呢？那要每天，一天不落地在磨刀石上磨，才能得到刀片。即应该与昨天不同、与今天不同、与明天也不同。这样不间断变成差异的持续，终究就形成不能逾越的差距，其结果成为完全不同的质的和层次上创意性的源泉。

要发挥创意性，应该不断地把自己变成陌生人。越是熟悉越敌对创意。即使吃饭的时候也应该避开吃过的蔬菜和菜肴；不应该见每天熟悉的人，而是见陌生的人。因为这样的陌生和困惑给我们提出问题，使得我们再从那里寻找解决问题的方案。这样的方案成为创意性的基础。

但在这里最重要的是不要模仿别人。地球上65亿人口当中与我同样指纹的人只有我一个,追求"独树一帜",才能培养创意性。

英超联赛, 创意性的竞技场

《创意性的快乐》的作者米哈里·契克森米哈认为发现创意性的三要素为:一系列象征性规则和程序形成的"领域",在走向那领域的路口起到看守作用的人们组成的活动"现场",还有发挥创意性的"个人"。创意性是指变化原有的领域或改造的行为、故事或作品。创意性个人是指变化某个领域或创造新领域的思考或行为的主体。

看看世界最高水平的足球联赛英超联赛吧!在那里,顶级球星们在顶级球场上踢出最好的看点,带给观众最高的满足感。英超能够成为最高水平的根本原因就是创意性的发现。顶级球星们踢出创意性的表现,想留给观众最大的满足或最好的看点,没有创意性营销和构思,不可能实现。

在前面提到过创意性发现的三要素代入这里就成了"领域=足球,现场=英超联赛,人=球星"。当然代入意大利足球甲级联赛或西班牙足球甲级联赛也无大碍。现在让你回想这些比赛中最让人记忆犹新的场面,你能勾画出来吗?

再怎么有足球天赋的人,如果一辈子待在穷乡僻壤里,就没有在足球这个领域里发挥创意性的机会。还有朴智星选手或薛琦弦选手如果没脱离韩国联赛，球技能像现在这样高超吗？即便个人力量再出众，也要有充分发挥其能力的地方，不投入到顶级水平的联赛，就很难充分发挥潜在的可能性。他们如果另选其他项目成为篮球选手，能达到同样的水平吗？

即为了发现创意性，首先选择好发挥的"领域"。这也是选择和集中的问题。并不是说普通水平，而应该在能够做出非常突出的地方集中努力，加上应该奔跑在顶级水平的"现场"。在乙级联赛只能发挥乙级水平。

20世纪80年代英超的足球联赛，虽然是足球宗主国，但没有德国足球甲级联赛、意大利足球甲级联赛以及西班牙足球甲级联赛有名气。因此英国足球协会（FA）在1992年举起了联赛革新的旗帜，1992—1993年赛事出台了英格兰足球超级联赛。这个赛事在不到15年时间里，终于占据了世界顶级足球职业联赛的位置。

那么，究竟是什么能让英超联赛成为世界顶级足球联赛呢？

第一，创意性核心球员。当然欧洲地区的选手们按照其能力只要有机会随时都可以进英超联赛踢球。但非欧洲地区的选手们，能力再怎么强，如果自己所属国家在国际足球联盟中的排名不在70名以内，那么也不能进英超踢球。即使符合上面的条件，国家之间A级挑战赛，在过去两年内至少要有75%出场的经历。即英超联赛的意图是精挑细选，只召进顶级水平选手。这些顶级选手为了一个冠军头衔展开激烈的角逐。竞争产生创意。英超联赛需要把潜在能力发挥到极致的选手，选手们也是被独具慧眼的教练看中了，才能出场踢球。

第二，英超联赛创意性赢得票房方式和让观众狂热的秘诀也为英超联赛制造顶级球员做出了不朽的贡献。英超联赛的赛场上观众甚至能够听到球员们急促的呼吸声，观众席与球场紧挨着，直播比赛的摄像机也从各个角度抓住球员的一举一动，甚至肌肉的移动和汗珠也能活灵活现地捕捉到。这样的赛场布置和直播录像水平促使观众和收视者感到自己的心脏与选手一同在跳动。这当然是"大获成功"的秘诀。

第三，英超联赛引进了彻底的无限竞争体系。出战英超联赛的队共20支。但正规赛事结束后末尾两个队就挤到乙级联赛。然后下一个赛事在乙级联赛第一名自动升到超级联赛，剩下的一个出场券2、3、4位队进行对垒。简直就是"你死我活的竞争"。想在这里活下来，就只能把选手、教练、球队融为一体，只能所有的人拼出命来跑。就像穷则通的道理一样，为了能存活下来竭尽全力奔跑，就能发挥出最高的创意性，犹如站在峭壁上时创意性便能体现出来。

创意性绝不是抽象的概念，创意性也不是单纯灵感的产物，更不是简单地与IQ成正比。事实上创意性在碰到高大墙壁时，必须要越过这墙的挑战意识和你死我活的自我斗争过程，能够上来的人固有的性质相近。那么要打造创意性组织应该怎么办呢？

必须要有顶级球员，但只有这些还不够。要打造顶级球员、独创性球员、创意性球员，首先要打造最高水平的竞争赛事，即应该把组织本身打造成最高水平的竞争团队。当然创意性组织的工作应该是各个组织成员发挥创意性，能够自由跑的工作。

创意性的重心是文化的交叉路、是变化的重心

英国的英超联赛即使说是文化的交叉路也不为过。不论南美足球，还是欧洲足球、非洲足球、亚洲足球都在那里一起打拼。所有的人种和集团在这冲突、在那冲突中各自显现新的力量。即创意性的发源地是一个文化的交叉路，变化的重心在起作用。

米哈里·契克森米哈是这样解释"创意性的重心"的，他说："是各种文化交叉的地方、是各种各样的生活方式和知识融合的地方，是能够接纳人们新思维给予条件的地方。"公元前5世纪的希腊、15世纪的佛罗伦萨、19世纪的巴黎成为创意性重心的理由，他认为是"生活裕如"。但这个生活的"裕如"，终究要解决糊口，才能得到。即不管是个人，还是集团，首先要过了糊口的劳累坎儿，才能够发掘好创意性。

被称为"文艺复兴"黄金期的1400—1425年间，欧洲的佛罗伦萨地区盛开了创意性的美术之花。菲利波·布鲁内列斯基建造的花之圣大教堂的穹窿顶，洛伦佐·吉贝尔蒂洗礼堂铜门浮雕（天堂之门），佛罗伦萨圣弥额尔教堂悬挂的多纳泰罗的雕塑作品，马萨奇欧画的布兰卡契礼拜堂的收税金壁画，

詹蒂莱·达·法布里亚诺在罗马圣拉兰特教堂画的《三王来拜》都是这个时候诞生的。

但为什么都是15世纪佛罗伦萨呢？是因为一种叛逆的基因突变吗？还是因为佛罗伦萨改革教育政策呢？都不是，是因为佛罗伦萨丰足富有。

代入米哈里·契克森米哈说的创意性发现的三要素来说明，这可以看作"领域、现场、个人造化"创造出来的创意性的一个事例，即可以说古代建筑和美术是个领域，作为人来人往的交叉路——财富积累的佛罗伦萨是现场，还有菲利波·布鲁内列斯基、洛伦佐·吉贝尔蒂等巨匠是卓著的个人。

归根结底，创意性是指个人或组织的卓越性在一定领域的现场，创造新的变化和繁荣。同时为了创造创意性的组织，需要创造性的经营方式和创造性的思维。这里定义创造性、创造、创造力的概念就是，创造性（creativeness）是思维的过程；创造(creation)是经过思维过程结果的产物；创造力（creativity）是过程和其产物或结果全部包括在内。其实，这三个就是一个东西。

◥ 创意性，文明进化的遗传基因

人类遗传基因构造的98.77%与猩猩一致。因此人类如果没有创意性，就与猩猩没什么两样。即我们与猩猩区别的语言、价值观、艺术性表现、科学知识、技术等都是人的创意性通过学习传递的过程中得到的结果。在这一点上创意性是文明进化的遗传基因。文明进化的过程中创意性的作用如同生物进化过程中染色体的化学作用，引起随意变形的遗传变化过程一样。

创意性的人改变"模仿者"，这个变化在人们中间得到充分的认可，成为一种文化。这里说的模仿者是英国生物学家理查德·道金斯第一次使用的用语，像生物的遗传因子一样在复制过程中互相竞争，是指我们的思想和形成文化的思想、技术、习惯、时装、故事等根据模仿传播之意。

人类文明到目前为止一直是通过创意性进化的，无论是谁都带有创意性的遗传基因。人只要在这个地球上不完全消失，人类文明就继续通过创造性、创意、创造的过程进化下去。如果创意性枯竭了，人类不仅是现在，还是未来都不能生存。不管好坏，人类的生存寄托于创意性，即我们创造的文化，决定我们的命运。

在孤独的四维空间创造未来

企业也在各个方面追求"创意"。没有创意性的企业，很难立足。不管是个人，还是组织、国家，生存期间遇到许许多多的难关，必须冲破难关，才能证明自我的存在。为了移动、生活，创意性就如同我们每天吃的"饭"一样。组织或企业也只能吃创意性的饭，才能生存。

微软公司是代表性的创意性企业。那么他们是怎样管理他们的创意性呢？

他们始终苦心寻找打造创意性企业必需的创意性人才，干脆一开始就选拔能思考的人。每次采访时都问他们同样的问题："为什么井盖是圆的？"

全世界任何地方都不存在正方形或三角形的井盖。五角形更不用提了。为什么？到底为什么井盖是圆的？

其实没有正确的答案。即便有常识性的正确答案，也不是为了听到正确答案，而是为了听听独自的解决方案。压根就不存在正确答案，就是想看看用怎样的想法和逻辑，展开独特的解决方案。真不愧为微软公司的创意性提问。

我们过分强调在所有方面要求正确答案。其实，这个世界没有答案的问题更多。我们所经历的难关本身，其实不就是没有正确答案吗？

不仅如此，微软公司奖励失败，重视失败的经历。没有经历失败的人，就不能成功。他们说就连一次失误或失败也没有的人，就等于什么事都没做。他们从员工那里索要所谓的"失败报告"，是因为懂得失败是尝试的结果。如果不尝试，就不会失败，但更不可能成功。

微软公司是一个巨大的游戏室、感觉的游乐场并不是比喻上的表现，而是真正如此。对着装没有规定，加上除了食堂之外谁也不会管你是否光脚走路。认为这样的事情是自己判断、决定、行动的问题，还有为了给员工提供能够埋头工作的舒适环境，全方位细心关照。

微软公司CEO比尔·盖茨一年两次拿出一个星期的时间待在孤岛上的别墅里，读完多达300余篇的员工的开裂报告（crazing report）。读着读着突然想起什么，就不通过管理员与这位出报告的职员取得联系。一起进行对话，拿出能够推翻惯例的灵感。比尔·盖茨把这一周称为"思考期"，通过这个期间重新得到指出市场航道的指南针。其实过了这个星期，总是发生微软公司占领新市场的变化：创造新的标准，提出新的规格，改变市场的流向。其他企业也跟着他们走，即比尔·盖茨在孤独的四维空间创造未来。微软公司能够生存下来，能够引领世界，其力量的源泉就在这里。

创意性创造新的文化。诞生文化的突然变异，出现模仿的人，这个模仿就会发生一种变化，这个变化如果扎下根，就再一次成为文化。文化按词性看是名词，但按内容看是动词，即想移动和变化企业文化，需要重新反思一下文化的产生过程。

用五岁孩子的眼光观察

创意性人物倒不如说有天赋，拥有更强烈的兴趣和好奇心。众所周知爱因斯坦绝不是神童，温斯顿·丘吉尔直到中年也没有好好地发挥自己的政治才能，还有托尔斯泰、卡夫卡、普洛斯特，谁也没有想到过他们能够成为创造性人物。不是只有神童和天才才能创造创意性业绩。如果创意性有必要条件，那就是"非凡的好奇心"。

创意性的人要有像小孩一样的感性，要有丰富的想象力、冒险精神、想打开新可能性的"充满好奇心的存在"。用五岁孩子的眼光看世界吧！真正的创意性是像五岁孩子一样，从一尘不染的兴趣和爱好出来的。其兴趣和好奇心，就表现出各自的独特性或者独创性。再一次强调对对象没有兴趣和好奇心，创意性思考绝对不会有发展。

培养兴趣和好奇心的方法是什么呢？一句话应该做出开裂的一天。对什么东西痴迷的一天。请狂热地投入到某件事情上吧！我们对死去的人不期待创意。即应该每天活着，每天自我惊吓。没有惊吓的事情，就等于五感死掉。其实有创意性的人对细小的事情都容易惊吓。但不停止在惊吓，而是把这惊吓记录、述说，进行再创造，这才是真正有创意性的人。即应该能够对惊吓写出报告。当然把惊吓转移到实践中的人更加有创意性。因此有创意性的人有可能表现出乖戾、傲慢、利己、不近人情。大多数有创意性的人带有古怪、两面性和复杂的性格。他们有根据情况从一方面完全转移到另一方面的能力，观察他们复杂的10项心态如下：

1.一方面发挥巨大的活力，另一方面保持休息。他们为了开心地工作，喜欢懒惰和冥想，对其后跟随的活力非常重视。

2.清晰而有天真烂漫的地方。歌德说"天才最重要属性是纯真"，霍华德·加德纳曾经说过"情绪上、精神上未成熟的人，反而可能有更深奥的洞察力"。

3.调皮和克己，还有责任心和无责任心混杂在一起，有矛盾倾向。

4.穿梭想象和空想，还有现实主义的意识。

5.具有外向和内向的双重性格。

6.非常谦虚同时自尊心很强。

7.在某一程度上脱离了传统的性格。

8.反抗并改革，同时保守传统的性格。

9.对自己的事情非常热情，同时可能非常客观。

10. 同时开放感性，因此常常快乐，同时经历痛苦和苦难。

从固定观念的教室逃脱

有创意性的人从小就有站在解决问题中心的倾向。其实很多创意性的人小时候都失去父亲。按照统计男性每10人中就有3人失去过父亲。怎么有这样的结果呢？

没有父亲的少年很自觉地把自己变成像自己的机会。因为在强大而批判性的父亲面前没有辩解的必要。让·保尔·萨特非常真挚地说过"父亲给儿子的最大的礼物是早早死去"。父亲的权威越大，孩子就失去决定和经验东西的机会。即想要成为有自立能力的孩子，即使从小遇到失败、挫折，也应该是更多自我决定的事情。其实只有把孩子和大人同等对待，对孩子智商的发育才有好处。

小孩子摔倒了也不要心疼，不要去管他。摔倒的人总有一天会自己站起来的。但要有耐心地等到最后。到了三四十岁才第一次摔倒的人，很难重新站起来。不，有可能干脆就站不起来。

苦难和逆境是淬火创意的好工具。水、光、风的建筑家安藤忠雄说过只有在生死的峭壁上才能发挥顶级的创造力，即创意性诞生在逆境中。

对于有创意性的人，学校并没给他们带来多大的影响。学校对于爱因斯坦或毕加索，还有托马斯·斯特尔那斯·艾略特的业绩的影响极其微小。美国南加州大学校长史蒂文·B.桑普尔曾经说过："想成为创意性的领导，就从固定观念的教室逃脱吧！"他既是电子力学出身的教授，又是数字化家电产品遥控领域持有大量专利的发明家，同时又是音乐家。尤其供职于南加州大学校长时同沃伦本尼斯一起给学生讲"怪异的领导能力"的课，引起了轰动。史蒂文·B.桑普尔说的"怪异"是指"打破固定观念的人"。即领导应该冲破"固定观念的教室"，不是把身体浸在"思考的死水"里，而是把身体浸在"思考的流水"里，然后喝掉。一句话，他说的领导力的真谛是打破固定观念的有创造性的想象力。

那么要领会到打破固定观念的有创造性的想象力，应该怎样做呢？

第一，要遵守3∶7的原则。这是指自己时间的30%投入到实质的业务当中，剩下的70%时间应该投入到再充电和余暇里或在别人眼里微不足道的东西上。

通用电子公司的前会长约翰·弗朗西斯·韦尔奇，将不到2500万美元的事业决定权都交给事业部本部长。他考虑好代替自己做出决定的人选后，自己反而进入到"充电70%的世界"里。他虽然做了30多年CEO，但绝对不是坐在办公室翻阅文件的人，但这与漫无目的地游玩不同。工作还是让它运转，但在工作之外的地方找回新的创意性，就像比尔·盖茨的思考期一样。

初级经营者和老练的经营者之间的差异就在于怎样更好地维持3：7的公式。突然想到是否应该相反地去做什么，但就像有句"不再经营"的话一样，史蒂文·B.桑普尔忠告说：为了确保这四维空间，"能够委任的决定就不要亲自下决定"。但大部分初级经营者光埋头于手头上的问题度过时间，就这样度过一两年后，再怎么有才能的经营者也会像一直放电的电池一样消耗殆尽。相反老练的经营者保持3：7的原则，不知疲倦地10年、20年地长久经营。这是因为不光埋头于手头的事情，还为未来投资坚持不懈地进行充电。

第二，应该多读400年以上的古典。最近新出的书和资料竞争者也在读。但读400年以上古典的竞争者极其罕见。即要想有与别人不同的想法，就要找出别人不触及的东西。当然没必要一定是400年以上沉积的东西，只是说观察人们视线看不到的地方。当然古典原本就是旧的，因此在现代的观点上看也许会陌生，但古典有超越时代的深度。一直延续到现在的古典，正因有深度才能够一直存续下来。

航行大海的人文学也是如此。经济、经营类丛书在技巧方面理解创意性有帮助，但只有这些是不够的。创意性不是从理解产生的。我们要经过人文学漫长而无聊的隧道，是为了把藏在我们无意识中的创意推向有意识的方向。叫喊人文学危机的声音很高。但就如我们所看到的一样，现实的人文学好好地存活着，因为人文学有更根本的东西。不仅看了，去看看别人不去的地方也是很重要的，去竞争者应该不会去的地方、不触及他们脚步的地方。即为了自己与别人能够有差别，不断地让自己变得生疏。

第三，应该学会投入的乐趣。有创意性的人知道投入的乐趣。寒冬腊月，居里夫人守在连炉子都没有的巴黎的研究室等待试验结果。还有无数的诗人在狭窄的房间里写出了伟大的诗。米开朗基罗用了整整15年的时间创作了悬挂在西斯廷教堂上的《创世纪》。乍看起来会认为是疯子，但如果不疯，也就没有创作。疯了才能投入，投入了才能够创作出东西。有创意性的人就这样热爱自己的工作，因此非常投入，越是经历这种投入状态，就越感到无比的幸福。

投入过程中产生几个现象。如攀岩，在下面看让人提心吊胆，但攀岩的人在峭壁上很镇定地一步一步攀登，是本能地向下一个目标高度移动。下面的人担心他们会掉下去，相反悬挂在峭壁上的人，脑海里就连平时的焦躁或犹豫都没有，甚至连一丝的不安都不存在。他们挂在绳子上虽然有几个小时，但感到只有几分钟。因此他们从岩壁上下来后，还想立即爬上去，这就是投入的乐趣。

创意性的代价

　　列奥纳多·迪·皮耶罗·达·芬奇、艾萨克·牛顿、托马斯·阿尔瓦·爱迪生、毕加索、爱因斯坦，这些人全都是无可非议的创意性的巨人。如爱迪生拥有1037项专利，历史上这样的发明独一无二。直到现在新泽西州爱迪生国立研究所还在以他留下来的笔记作为基础进行研究。过去的业绩在他过世后还在延续着。众所周知爱迪生耳聋，且没上过学，社会上看非常落后。但正是因为有了他，我们用电照出来的光，在夜里能够活动，在房间里能够听音乐了。

　　爱迪生的发明方式很独特。逆向旋转唱盘一样的"逆向思维"非常有名。同在电脑上同时打开好几个视窗，进行多个任务的处理一样，不是有条不紊地进行一个个项目，相反一同运转多个项目使之互相发生冲突，即"横冲直撞思维"。爱迪生还喜欢"水库思维"。思考的水库里把所有的东西投放进去，引起连贯效应，就像在那里钓鱼一样，他喜欢钓到灵感的"钓鱼思维"。当然这个钓鱼的鱼饵是"好奇心"。然后执着地等待这个伟大的思考钓到鱼饵为止。还有他进行"五感思维"，在耳朵听不见的情况下制作留声机就足以说明了这一点。他的笔记就像跟外界的神灵讲话一样记载了，即他打开五感，心里在横冲直撞，倾听不可预测、天真烂漫的五岁孩子的话。

　　就这样取得伟大功绩的爱迪生留下了举世闻名的话："天才是1%的灵感和

99%的汗水得来的。"其实大部分的人说这句话的时候重点放在99%的努力上。但他82岁生日时这样说过："最初的灵感不好，再怎么努力也得不到神奇的结果。"即1%的灵感、1%的独创性的创造力左右99%的努力之意。换句话说没有1%的创意性，99%的努力也要落空。

列奥纳多·迪·皮耶罗·达·芬奇是位重视连贯思维、连贯思考的人物。因为微小的东西互相关联、交叉、结合的过程中产生创意。看看列奥纳多·迪·皮耶罗·达·芬奇的7个创意性思考法吧。

1.好奇心：好奇心是发明和发现的电场。

2.试验精神：怀疑一切，并做实验，从失误中学习吧。

3.五感：立起感觉的刀刃，世界也一同打开。

4.陌生：挑战陌生，陌生带来创意性的方案。

5.整脑思考：用整个脑思考，才可以立体思考。

6.使用两手：不要惯用人体的性质，通过使用两手增强平衡感。

7.连贯思考：所有事物和现象在交织中隐藏着创意。

1903年《纽约时报》登载了"再不要论飞机"为题目的社论：目前为止，太多的人为了飞向蓝天丢掉了性命，人飞向蓝天的梦，即使过了100年后也不可能成为现实之意。就在那个时候莱特兄弟再次公开发表了飞向蓝天的宣告。一介自行车修理工跳进制造飞机的事情，很多人担心他们，同时讥笑他们，但他们最终成功了。莱特兄弟的思维是以什么顺序形成的？

第一，平均分散灵感。淬火是烧得通红的铁锤捶打后强化铁的性质的过程。平均分散是淬火的铁锤仔细地捶打精密地打造模样的工作。换句话说"灵感"是原铁，通过"论议"的加热，用"论争"拉风箱烧热之后，进行精密雕琢的方法。

第二，从一开始就与强敌打交道。所谓的"厉害的人"是先屈服"强敌"。通常的工作只要克服决定性的障碍，剩下的小问题自动就被解决。

第三，喜欢组装各种方法的拼图，即转换点和联系。因素和变量对接拼凑发现解决方案。这时最重要的是有耐心，反复试验，不怕失败。

第四，心和思考脱离固定的模板，以穿梭抽象和具体之间的思维翘曲，习惯地进行固定观念的脱离。

自行车修理工莱特兄弟用这种思维法，解开被创意套牢的枷锁，成功实现了所有人认为不可能的飞机制作，实现了人类一直以来飞向蓝天的梦想。

创意性比赛的七个原则

创意性的发现是一种精神上的比赛，要想在这个比赛中成功，就应该遵守以下原则：

第一，不能放弃比赛。比赛时最重视自我力量的莫过于信任。如果体力超限，谁也不能跑完42.195公里。

第二，应该检查区间记录。创意和革新的比赛绝不是短跑。绝对不能过分，应该把自己创意的阶段性不断升级，为了下一阶段更新更好的成绩而坚持不懈地进行努力。

第三，不要执迷过去的比赛。创意性比赛要检查过去的比赛，但不要执迷过去。比如，爱迪生如果执迷于过去，电灯就永远不会发明。当时他在电灯泡的发明中最大的难关是灯丝的材料。现在用钨类材料，但当时为了合适的灯丝材料，只能做不计其数的材料试验。结果作为最初灯丝材料成功的竟然是京都带来的竹子，当时用到多少材料做了试验可想而知了。如果他执迷于过去的试验，放弃了更多的试验，我们可能夜里还在举着火把走来走去的。

第四，不要理会别人的视线。全神贯注的人不管旁边的人是在喝倒彩，还是欢呼并不关心，而是只集中在比赛上。创意性赛手应该做的事情不是倾听或欢呼做出应答，而是跑。

第五，只想自己认为最珍贵的事情，应该为此而奔跑。珍贵的事情也许是家人，也许是爱人，也许是信念。"我为什么做这件事？"类似的杂念折磨你的意志，创意性最容易溜走。如果想放下一切的时候，确认自己是为了最珍贵的事情在奔跑，的确带给你很大的力量。创意性有时在这种感动中开花。

第六，不是为了竞争者，而是为了目标奔跑。创造不是模仿。因此不要卷进旁边赛手的速度，不要忘了创意性比赛的目的不是为了赢谁。只与竞争者赛跑的人，绝对不能赢那些为目标奔跑的人。

第七，不要放弃，跑到最后。其实这点最重要。用再好的技术、区间记录再好，不能到达终点，一点用都没有。1940年，因德国的空袭英国被烧成灰烬的时候，温斯顿·丘吉尔通过BBC广播这样呼喊："永远、永远、永远不要放弃！"他说绝望也是一个犯罪，走到尽头，这才是创意性比赛中最重要的东西。

打开创意性枷锁的方法

那么为了发现创意性应该怎样做呢？五项简单明了，整理如下：

第一，打开创意性的枷锁。打破固定观念，丢弃固定的思考方式。即倒立，不是在平面，而是立体地思考问题，急剧扩大联想作用，越过思考的围墙，同时应该认为没有正确的答案。

第二，不要给思考排队。不要线形读，要立体读。还要做记录或立体实行，叫醒思考的巨人。

第三，刺激野性的思考。为了确保内在酣睡的、没被驯化的思考即野性思考，在心中打造像密林一样的游乐场，使想法在那里相互斗争，相互嬉戏。

第四，头脑风暴法。头脑风暴法是1939年第二次世界大战中开发出来的灵感的创造方式，是指在头脑里引起思考的风暴。头脑风暴法要求不管什么内容的发言，不能对此做出批判，相反，自由奔放、甚至荒唐的意见作为出发点，展开灵感。

第五，心智图法。心智图法是托尼·布赞引用列奥纳多·迪·皮耶罗·达·芬奇的记录方式而开发的，为了掀起和组织灵感，使用整个头脑，展开思考图的技巧。

在日本被称为创造性开发领域第一人的高桥诚的四考法也值得参考。用心想的心考、用头想的思考、用手想的手考、用脚想的足考。举例说用脚想是指用脚跑之意，即去看看现场的意思。总之，发现创意性应该心、头、手、脚全部动起来。

第三章

数字化，统治感觉的帝国

用眼睛看到的不是全部，
用耳朵听到的不是全部，
我们大多数人即使都拥有完整的五感，
也因忘掉打开此门的方法而生活。

感觉的力量

"怎样才能做出名牌呢"这个问题其实与"怎样才能诱惑对方的心"的问题有直接的关系。感觉是诱惑的通道。我们关注感觉是因为我们自身就是感觉的存在，所以我们的传递也是在诱惑的通道上形成的。

重要的是通过传递，想要说服谁或引起共鸣，需要五感散发香气。我们通过五感与世界进行沟通。

人有五感，即能够自由自在地组合触觉、听觉、味觉、嗅觉、视觉的能力。但不知什么时候开始感觉退化，面向世界的我们的五感之门开始变窄了。

五感全部打开，更宽广的世界就会展开。我们丢掉了很多，是因为我们不能打开五感的缘故。

即使用眼睛看，并不等于看到全部；即使用耳朵听，并不能听到全部。用手摸、用鼻子闻、用舌头品味的事情也是如此。就这样我们大多数人拥有完整的五感，但却忘掉了打开的方法。

大多数人比起自己的感觉更容易轻信别人的话。别人说好吃，自己也感觉好吃；别人说漂亮，就觉得那就是漂亮。现在对我们来说必要的是及早地恢复自己的感觉，找回五感的事情，这样才能够在与现在完全不同的世界里找回新的市场。实际上很多的"蓝色海洋"（未开拓的市场）都是在新打开的感觉中创造出来的。

我们生活的世界如果没有叫作感觉的雷达网，靠近是不可能的。显微镜、听诊器、卫星、助听器、眼镜等能够扩大我们的感觉，但绝不会给予超过这些的东西。

假如在听一个人的朗诵，难道你只用耳朵听吗？用所有感觉来感受，每一个句子才能渗透到心里。只用耳朵听诗的人，很容易忘掉诗性。

但感觉的世界并不只有"为了理解"世界的通道。它既是"诱惑的通道"，又是创造我们既有诱惑力，又有魅力的具体的原动力。感觉的世界有如下几个特征：

1.感觉是复合的。感觉在融合中发挥真正的妙趣。如味道是味觉和视觉、嗅觉混合而成的。

2.感觉是动的。一直不动的感觉，终究会退化。其实，原来我们的所有感觉是游牧民，是感觉的流浪人。

3.感觉就是感受。我们触摸而感受、听而感受、品尝而感受，还有嗅着而感受、看着而感受。感受不到的感觉，那已经不是感觉。因此感觉中应该要恢复有感受的感觉。这样的感受引起共鸣，创造互动效应，即形成"感受—共鸣—互动效应"的连锁环。在这里产生真正的"感觉的力量"。

感觉绝不会单独存在。仿真时代感觉各自存在，导致感觉不平衡也是这个原因。但感觉本质的属性存在于融合中，相互融合才变得高兴而活泼。就这样感觉才是融合。那么要想把感觉的力量扩大到极限，该怎样做呢？

1.请打开吧！能打开多少，就能感受多少。

2.请感受吧！动员所有的感觉，应该要总体上感受。这样才能有立体的认知现象。

3.请想象吧！想象力就是生产力，甚至想象到认为不能够想象为止，在认为不能够想象的地点上搭上野营帐篷吧。

4.顺其自然吧！五感不能被遏制。查看一下自己的五感是否能展开，让五感自由吧。

5.请玩起来吧！要备好能够游玩的场地，感觉也能成为在我们日常中发生变化的根据地。感觉的突起在玩的过程中发生碰撞，就发生完全走向崭新的世界的效应，产生力量。这个力量不停止，转移到共鸣，再转移到效应，急剧扩大。

感觉的解剖

触觉

触觉是最先被点燃，最后消失的感觉。胎儿最先发育的感觉就是触觉。新生儿还未睁开眼之前就本能地通过触觉感受世界，渴求身体的接触。这时婴儿能够吸吮奶，是因为有了嘴唇的触觉感受器，即对婴儿来说通过触觉之身体接触，就如同对树而言的阳光一样重要。

有句"妈妈的手是药手"的话，即一般的疼痛只用妈妈的抚摸就能彻底地好之意。事实上没有身体接触养大的孩子，再怎么喂得好，在心理上、精神上都会表现出发育障碍。目前孩子们在相对身体接触缺乏的社会里成长。如婴儿床、婴儿车、婴儿安全座椅。没有搂抱、抚摸的关怀，孩子不能好好地成长。孩子执迷于熊玩具和毯子，还有宠物也正是为了填补这种触觉的缺乏。

身体的接触其实传递非常巨大的情报。其他的感觉集中到特定的感觉器官里，相反触觉分布于全身。我们的皮肤占身体重量的16%，打开了就超过17.5平方米，即人体中占最大一部分的感觉器官。再者人类的触觉非常敏感。比如盗取金库的罪犯们不时地用砂布揉磨手指尖，把皮肤的角质层磨薄，为的是触感更敏感。

触觉在感觉的历史上最久远，是必不可少的身体知觉要素。因此失去触觉简直就是可怕的事情。试着想象一下，想掏出车钥匙手指尖感触不到，没办法只能把兜里的东西全部拿出来摆放。实际上没有听觉和视觉，只用触觉就能生活。但没有触觉，生活就等于一切麻痹的状态。

触觉又是信赖的感觉器官。人的指纹各自不同。中国数千年前开始在重要的合同书上按指纹来代替签字，相当于触觉留下了痕迹。这痕迹还意味着正直、信用和信赖。握手也相似。握手原本证明自己手里没有武器的意思，是相信对方的行为，经过产业革命便成了日常问候的方式。那时企业家们结束了协商后互相握手，确认互相的信赖。

未来学者约翰·奈斯比特在自己的著作《大趋势》中提出了科技越是高度化，接触（触摸）的渴望越增加的观念。现在是数字化时代，科技看作技术的逻辑，那么数字化是越过科技的感觉感应器（sensology），即感受、感性、感觉的逻辑。越是高科技，越渴望接触（触摸）也是因为这个原因。事实上没有触摸，只用高科技创造的商品不会畅销。

嗅觉

拿破仑写给约瑟芬一封信，这封信非常著名——"我想闻到您的体味，直到再相见的两星期请不要洗澡"。约瑟芬经常用燕子花香的香水，她死后拿破仑在她的坟边种了燕子花。就像情人的话一样，味道比视觉、声音更打动人心，记忆更长久。

帕特里克·聚斯金德的小说《香水》的主人公，有惊异的嗅觉能力，能够按种类区分各种树的味道。还有每天喝牛奶时，能感受到挤出牛奶的牛的心情如何。海伦·亚当斯·凯勒如此写"我通过嗅觉预感到暴风的来临"。

就像动物们通过大地的味道，预测地震等气象变化一样，海伦·凯勒看不到、听不到、说不出的情况下通过味道感受和预感到自然的变化。

那么想象一下吧！失去听觉的人叫作耳聋、失去视觉的人叫作盲人。那么失去嗅觉的人叫什么呢？想不出来叫什么，即没有名称。但是失去嗅觉的痛苦，不亚于失去听觉和视觉的巨大痛苦。因为感觉就像忘掉呼吸一样。按实际统计看，现在美国有200万名嗅觉丧失症患者。

33岁某数学教授被奔跑的汽车撞伤住院。得到治疗后认为治愈的他，过了很久才知道自己丧失了嗅觉。他所居住的楼起火时，因为闻不到味，差一点儿死掉；变质的食物闻不到味而得了食物中毒；煤气漏气也不知道，而使自己处于危险中。但让他感到最累的是再也闻不到让人心潮起伏，勾起回忆的香气的事实。丧失嗅觉甚至夺走了他的回忆和记忆。

谁都有与味道相关的回忆。在这个方面嗅觉是记忆的尖头兵。接触到味道的雷管，所有的回忆一下子迸发出来。很多阿尔茨海默病患者丧失记忆的同时也丧失嗅觉。记忆和味道、回忆与嗅觉，它们互相紧密地交织在一起。

与指纹一样，每个人都有各自的体味。海伦·凯勒只用味道，就能猜出那个人的职业。日常不用香水的情况下，如果是木匠，就有木头的味道，喷漆工就有油漆的味道。

香水产业用在人体上的香水比例只不过占20%，那么剩下的80%用在哪里呢？这些香水添加到生活用品上。事实上市场上添加香水的东西比比皆是。例如，有一位房屋中介者给客户看房子之前，厨房喷洒烤面包味道的香水；3M公司制作了划一下或撕开，里面细微的胶囊就炸开，散发出独特的香气熏天的特殊纸张；劳斯莱斯公司真皮靠垫味十足的特殊用纸上印刷了广告，登在杂志上。不仅如此从油笔到洗手间的手纸，几乎找不到没有香气的东西。一句话，所有的东西几乎都是香气产业的对象。

听觉

胎儿在子宫里听着妈妈心脏的跳动成长。这是终极的平和、丰饶的催眠曲，又是保障安全的信号。

声音是同物体的移动一起传播到四面八方的空气分子的波动。声音以每秒340米的速度在空气中移动。年轻的人的耳朵能听到每秒16～2万赫兹，即能够听到10度音（octave）左右。随着年龄的增长耳膜变厚，频率高的声音不易通过内耳相接的耳小骨之间，可听频率的范围越来越窄，尤其变得对高音迟钝。人的声音中，男人拥有每秒100赫兹，女人拥有每秒150赫兹之内的频率。

相反，动物能听到人所听范围之外的声音。车上负载的小型雾笛、车按每小时60公里以上速度开的时候发出的口哨声，人是听不到的，但像鹿一样的动物们就能清楚地听到。还有蝙蝠发出人所不能听到的平均5万赫兹的声音，按每秒10～20次的间隔发出来，只用碰到物体返回的声音，就能测到食物的位置和距离。这就是超声波。

就像约翰·凯奇说过一样，真正的沉默状态绝不存在，只不过我们听不到而已。如果人甚至能听到这些声音，如体内血液流动的声音，听着也会像瀑布一样。

海底也是一样的。海虽然深而静，但那是因为海的声音脱离了我们可听的范围界限。海其实是声音的集结地，宇宙也不例外，即包括地球的广阔宇宙的一切东西都在发出声音。

视觉

大部分的捕食者两眼附着在头正面。即利用两眼视觉，发现猎物而追踪。相反被猎捕的动物眼睛附着在头的两侧。为的是扩大周边视野，捕食者追踪时容易看出。

人类感觉器官中70%依赖视觉。我们主要用眼睛看世界，进行评价或记录，但看到的并不是全部。我们看到的其实是我们感受到的。尤其颜色不是世界上存在的东西，而只是在心里感受的。

有句话叫"色的矛盾"。我们看到苹果说红，看到树叶说绿，但我们看到的是反射的光，即不被那个物体所吸收的光。换句话说苹果的颜色，其实是排除红色之外的所有颜色。路边红色汽车上照射光，只有红色光反射出来，因此我们就感到红；还有绿色邮箱上照射光，绿色光反射出来，我们就感到绿。

看到天空蓝是因为大气中的氧、氮、灰尘粒子，即水分与太阳光碰撞后，散射可视光线中最活跃的是蓝色。相反，宇宙中没有散射蓝色的灰尘粒子，一切看起来都是黑色。还有壮观的红口初歼是飘荡在天空中的云朵起到反射板的作用。不仅如此照射到钻石的光在里面折射又折射，比通过一般玻璃棱镜还要折射出更加丰富多彩的颜色。因此熟练的钻石工匠精确地切面，使光照进切面，从不同角度反射出来。

另外，想看到什么，需要一定的距离。约翰·伯格在《观看之道》说过，看的行为是客观化之意，看的行为本身就是理性的工作。

因此，真正想增加视觉，有时要闭上眼睛。睁开眼就测到客观的距离，因此压抑自己心里像"冲动"一样的能量。

味觉

味觉是社会性感觉。人们不喜欢一个人吃饭，在这一点上食品看作是社会性要素。面包和葡萄酒的"圣餐式"、一起分享面包的"同事"、吃一锅饭人们聚在一起的"公司"、意味着沟通的"沟通交流"这都是出自"com"的一个词源派生出来的。

社会的交流大部分在饭桌上完成。不管哪一个集团批准或庆祝必须在餐桌上大家一起进行。还有巨大的餐桌本身也有象征统一的意思。讴歌中国清朝鼎盛期康熙帝时代的满汉全席就是一个例子。

人的口腔里有一万个以上的味蕾，各自的味蕾里有五十余个味觉细胞，把情报飞快地传达到神经元上。舌尖感觉甜味、舌根感觉苦味、舌的两侧感觉酸味、咸味是通过整个舌感受，即舌是根据感觉到的味道，分割为几个地方政府的味觉王国。在这里最敏感的是苦味。苦味味蕾在舌根，就像防御网一样存在，有苦味的物质进到嘴里引起呕吐，竟是为了不使苦味的食物咽下喉咙。味蕾过一周或十天被磨损，就立即以新的来交替。但是45岁之后，这个交替进行得不顺畅，因此想感受同样的味觉，就要去寻找更重的味道。

严格说来味道并不是只有味觉构成。味道有纯粹的味觉之外，还有区分观看食物外观的视觉、细细地被咀嚼并咽下等触觉也包括在内。游牧时代各自的感觉分散存在，而现今数字化时代分解了的感觉不断地在整合，正是联觉的时代。有关味道和味觉的故事风靡媒体也正是这个理由。

联觉

"联觉"是希腊语的"一起"和"知觉"合并在一起的词语。对某一东西以感觉认知时，这个存在一下子有了色彩、声音、触觉、味道、气味等全部的感觉。因此我们对某种东西总体地、同时感觉到时，即感觉是复合而总体的东西。刺激一个感觉，另外的感觉也必须受到刺激。

感觉是把我们与世界连接起来的纽带，又是扩展的手段。它跨越时空，还有一切偶然的事件，把我们与其他人、其他动物、其他植物，不，是与整个宇宙连接起来。美感超群的诗人波德莱尔写出了香气、色彩、声音复合在一体的象征性诗词。在这里"象征"是由"收集"之意的希腊语"汇集"派生出来的词语。波德莱尔对此说过："声音可以翻译成香气，香气可以翻译成视觉，声音可以赋予色彩，如果是在象征主义的诗词里。"

如果关掉感觉的大门，绝不可能把自己的世界扩展下去。相反敞开感觉的大门，学会感觉启动方法"感受、感性、感觉的逻辑"的思乐智智能检测方法，面临的世界也会完全不同。

训练感觉器官

中国有位皇帝看到墙上挂着的瀑布画就下命令"水声扰我不能入睡，快拿掉壁画"，这是个非常有名的逸话。能够听到画中的水声，这位皇帝肯定是位有非凡感觉的人。

看电影《危机男女》，打扫房间的耳聋侍女偷了像手臂般粗的亨利·摩尔的青铜雕刻像，但其实侍女没偷雕刻像。只是青铜雕刻像跟她说话觉得新奇，带着它出了门而已。耳聋者听到青铜雕刻像的悄声细语，其实用理性和合理性武装的头脑是简直无法理解的故事。但如果要用感受接受并共鸣，就能以新的想象力和创意性理解。这就是"感受、感性、感觉的逻辑"。

有一次，在艺术殿堂音乐会的大厅里举办了世界级钢琴大师安德列·加侬的钢琴独奏音乐会。加侬演奏《钢琴之爱》曲子之前，向观众请求"想象海上的钢琴"，想象海上的钢琴，大部分人都在想"怎样才能把钢琴在海上浮起来？""木筏上？快艇上？要不放在无人岛上？"。但安德列·加侬的请求可能与这些不同，也就是用全身心感觉感受一下碧波大海上漂浮的钢琴之意吧。如此，想象力可以玩耍的庭院，就是在这里让"感受、感性、感觉的逻辑"发芽结果。

"感受、感性、感觉的逻辑"想要顺利启动，最重要的是首先向世界打开五感。不依赖单一的感觉，而是利用整个感觉。如此要求，用全身心实践的人就是列奥纳多·迪·皮耶罗·达·芬奇。

他挪揄人们有眼但看不到、有耳但听不到、没有感情地去抚摸、不享受味觉地去吃、不懂得香气而在呼吸。他自己却像运动选手练肌肉一样磨炼感觉能力。

我们来看一下列奥纳多·迪·皮耶罗·达·芬奇怎样磨炼感觉的。

1. 视觉训练＝建立心里的剧场

墙上挂着他所欣赏的作家的作品，连续一周每天至少仔细观察5分钟，每晚睡觉前回想起白天看到的画，就连细微的地方也要回想。不一定非要选择喜欢的作家的画，我们也曾经历过同样的事情。见到喜欢的人，回到家后入睡前还在心潮澎湃，仔细回想那情景，不也是有过吗?

2. 听觉训练＝倾听寂静

要入睡就应该进入到沉默和寂静。听到过自己的呼吸声吗？轻轻掠过的风声又如何呢？想发现声音的世界，需要沉默和寂静。就在这里能够发现我们一直以来冷眼旁观的真正听觉的世界。

3. 嗅觉训练＝芳香疗法

古代埃及人和古代希伯来人，还有古代中国人都尽情享受了以天然香草的香气如梦初醒的感受。人有500万个嗅觉细胞，一天呼吸23000次以上，但对气味却反应迟钝。这是因为沉醉在繁杂的气味中，嗅觉功能麻痹的缘故。因此每天至少一次享受天然香草气味，净化嗅觉很有必要。

4. 味觉训练 = 品味

人的舌头有一万个以上的味蕾,各个味蕾由50多个味觉细胞组成,即舌头随时都有品味的准备。如果想要好好地品味,就应该慢慢地吃。连品味的工夫都没有,就吞下去或者急忙吃下去,绝对不能品出真正的味道。慢慢品,慢慢吃的习惯不仅可以享受味道,而且对身体健康很好。

5. 触觉训练 = 想象着摸索

大脑从50万个以上的触觉传感器和20万个以上的温度传感器得到情报。大脑因全身触觉突起而始终清醒。但想要触觉无限扩大,应该想象并摸索。列奥纳多·迪·皮耶罗·达·芬奇的想象力才是所有感觉的方向塔,也可以说感觉运动的原动力。

新感觉的融合,数字化

生活在文艺复兴时期的列奥纳多·迪·皮耶罗·达·芬奇是大家公认的有均衡五感的人物。文艺复兴,即文艺复兴时期把五感均衡作为最高的价值。

相反,到了近代开启了五感不均衡时代。用一句话说,视觉第一位的时代、视觉帝国主义时代,被近代理性和合理性埋没的视觉主义诞生了。这个时代变成了"看到的"即是"知道的","看到的"即成了"可信的",即理性与合理性把近代变成了视觉的时代、"看法"的时代。

要说视觉时代领头羊，绝对是发明印刷术的约翰内斯·皮登堡。印刷出来的铅字只能以线性读。这把人的思考方式变成线形、进一步变成因果论，因此非线形、立体思维没有了立足之地。五感融合、感觉一体化的古代立体化想象力走到尽头。

但到了数字化时代状况重新有了逆转。均衡感觉的融合可以复原了。人本来就用耳、目、口、鼻、味、触的多种多样的感觉能力合二为一地进行处理后，并显现和表现出来。然后媒体的出现，把这样的感觉能力跨越时空制约，准备了传达并传递的场所。

人发明媒体是为了超越时空的传递。但模拟媒体不能把五感一次性储存、传递、扩散，因此就把这些分解后各自扩展了。媒体理论家马歇尔·麦克卢汉曾说过"媒体是人的扩张，即人感觉的扩张"。这时的媒体意味着口的扩张是扩音器，耳朵扩张是收音机，眼扩张是报纸或书，皮肤扩张是衣服，脚扩张是汽车等。

就这样模仿媒体把一个感觉对应一个媒体，把人具有的五感分解开来储存和扩展，一句话，汤饭各自式的单媒体。即在身体里可以自由自在地混合，但储存、传递、扩散、共享到其他时间和空间里，要把感觉各自分离。

但数字化把身体里混合的感觉融合，在身体之外也能自由自在地储存、传递、扩散。数字化更有感觉性也是这个原因。

数字化在概念上是0和1的组合，从O/X的概念出发。只用这单纯的二进制组合，就可以完成感受、感性、感觉融合，这就是数字化。终究数字化不单单以0和1的组合结束的，而是通过这些分解的感受、感觉、感性搅拌在一起。因此这是一种革命，即数字化与模仿的界限就是这些身体之外各种感觉能否搅拌来决定。因此模仿不能搅拌感觉，感觉少于数字化。

现在有数字手机，以前是模拟手机。到底有什么不同呢？大小不同？数字手机小得能够放在手心上。相反以前的手机夸张点说有冰箱那么大。那么因为体积小，才叫数字化；而体积大叫模拟吗？

当然不是。模拟手机和数字化手机根本上的差异不在这里，而是在于"感受、感性、感觉即五感能否混合"。过去的模拟手机说和听就是它全部功能，可能的就只是听觉的扩展。但今天的数字化手机听觉（语音通话）是基本的，触觉（文字短信）、视觉（摄像照相机）等也一起运转。就这样数字化媒体除了听觉之外，触觉、视觉等融合在一起，是复合性感觉的场地。

当然，看看周围依然有比CD更喜欢LP盘的人。他们认为模拟是感觉性的，而数字化与之相反，但事实与此不同。模拟不是感觉而只是香水。模拟LP盘和数字化CD的差异的起因在于不同的感觉和混合可能与否。即模拟媒体是以"感觉的分割"为基础，数字化媒体以"感觉的融合"为基础，因此有根本上的差异。

在这个意义上可以说模拟媒体是感觉的"各自汤饭"，数字化是感觉的"混合炖汤"。多个感觉的融合为基础的数字化媒体称为多媒体的理由也在这里。

深入到感觉的帝国里

数字化被看作革命的理由不仅仅是在技术上领先。数字化叫作革命的根本原因是在前面所提到的数字化把原来感觉不能混合的阶段发展到能够混合的阶段，发展了时代的层次，但数字化时代还在于"创世纪"。数字化还是像人类一样不能那么自由自在地把感觉混合起来，这只是说"目前为止就如此"而已。想想模拟手机出世的时候吧。当时的手机只是单纯听觉传感器的工具而已。但打开了数字化手机时代后，手机文字短信运用了触觉，为了视觉添加了照相机，为了听觉加上了MP3，甚至有可能5~10年内传递味道的手机会出世。不久的将来，用手机可以给相爱的人传递花香，即数字化在一个终端机上可以储存所有的五感，装载扩展、传递的功能。

现在数字化再不是科技（technology），而是感觉学（sensology）；不是技术的逻辑（logic），而是感受、感性、感觉的逻辑。感觉学（sensology）再向共享（sharelogy），即向分享逻辑进化。回想一下2002年的世界杯吧！没人组织聚会或带头，都用手机和网络沟通，瞬间聚在一起又散开。这是一种聪明的猫扑（smartmop），即"伶俐的群众"。

感觉是运动的。这样感觉的混合和运动打造出市场的新方向。因此只有能够感受的人，才能够发现新市场、能够生存、能够胜利。因此我们都应该成为感觉的达人，尤其CEO在这方面应该更卓越，即应该始终自我检查感觉和恢复感觉。

即使从现在开始不要只依赖视觉，为了复活其他的感觉要努力、更多地想象，以此为基础可以决胜负。

感受并想象吧！原来看不到的能看到，听不到的能听到，闻不到的味道也可以闻到，能够感觉以前感觉不到的味道。尤其是从来没有经历过的触觉能够触摸到新的土地、新的市场、新的世界。那么在你眼前展开的"感觉的帝国"面前，即使不让你挑战，你也会去挑战；让你停止，你也不会停止而向前走。请牢记充满五感的世界里，只有以感受、感性、感觉决胜负的"新边疆"（new frontier），才能成为感觉帝国的主人。

数字化时代，感性领导的 7 个品德

现在应该做好感觉帝国的统治者、感性领导的准备，应该把组织创造成"感觉的游乐场"。为这些应该准备以下几个品德。

1. 确保缓慢

要想好好品尝味道，就应该慢慢吃。要有深度地看和闻，就要慢慢地触摸。比尔·盖茨在《比尔·盖茨@思考的速度》中规定21世纪为速度的时代。在数字化时代速度是生存的武器，左右着胜败。

但那样强调速度，另有其因。正是为了确保"慢"。正是在这慢中敞开五感，梦想着更高一层的价值、想象别人不能想象到的东西，才能得出真正的胜负。不能确保慢速度，不是真正的速度。只不过是着急的表现，速度之中讴歌慢。还有通过这种慢，敞开五感，孕育出新的价值，才是数字化时代感性领导所应该具备的第一个品德。

2. 以想象力拼胜负

那么在慢的时空，以想象力拼胜负到底是什么？其实想象谁都在做。不想、不想象的人不存在。那么到底以怎样的想象力赢取胜负？要登上喜马拉雅山8000米高峰，至少在5500米至6000米之间搭上野营帐篷。那么在韩半岛最高的白头山是多少米呢？2744米。白头山高度的两倍也比喜马拉雅山搭建帐篷的高度低。因此8000米的高度对于封闭在韩半岛的人来说是无法想象的高度。

即我们应该在别人无法想象的高度搭建想象的野营帐篷。现在不是比耐力，而是以想象力争胜负的时代。差别化、极大化五感，在别人想象不到的基点搭建想象的营帐，正是奔向胜利的真正的制胜招数。

3. 突显差异

模拟时代"一丝不乱"是最高的价值。因此站成一排不显现各自的差异是美德。不同是差别的依据，是孤立的理由。但数字化时代差异就成了价值。不突显差异，就被淘汰，为了得到认可，必须突显差异。

但差异并不单单意味着抢眼。差异缘于自己的指纹、自己的认同性。需要进一步去掉所有可能的要素，打破规格和框框，容忍和喜欢差异的事情。领导更应该是引导这个导向的人物。差异才是胜负的场所，是创造新价值的基地。要记住你自己就是时代。只有自己的感觉，才能创造自己的时代。

4. 尊重感受

现在该是放弃映射思考（mapping ideology）的时候，是为了不能再犯听完意见之后，最终扯上组织政策或方针等，谷粒与秕子一同扔掉的愚蠢的错误，即不要以固定的意识形态，扼杀自由想法之意。在这个意义上映射资金也是要避免的禁忌。常有听到意见后，存在以"那样能赚钱吗"的方式指责的情况，但能不能赚钱谁也不知道。

数字化时代的组织是不需要映射思想或映射资金，而是应该从映射意义（mapping sense）开始。如果是真正的领导，要具备一旦有了突显差异，有突破市场可能性的新故事，即使违背组织方针或看起来很难立即赚钱，也应该考察和储存感觉的能力。通过这样的映射意义，应该能够制做出新的可能性和挑战目录，才有可能实现组织全体的映射变化（mapping change）。替代"跟随"变化，"创造"组织的模型，正是从这里出来的。尊重感受的组织终究能够生存和取得胜利。因此有必要即使是微不足道的感受、感性、感觉也要保持尊重的态度。软银的孙正义会长和前索尼公司会长大贺典雄的对话集，名字起了《感性的胜利》也不是偶然。数字化时代是感受、感性、感觉的时代。现在是高感性、高接触（high touch）产生高附加值的感性市场的时代。尊重感受吧！"感受、感性、感觉终究会胜利"。

5. 喜欢与陌生接触

应该自我变生疏，喜欢与生疏接触，感受、感性、感觉的突起才能复活。避开"一成不变"，不接触其他或杂种。只与熟悉的、亲近的人接触，会使自己生病，因为老一套也是一种病。

相反，与自己不同的相见，总是丰富自己。人原本不就是在相遇中成长的吗？因此遇见陌生人，到陌生的地方旅行，对生疏的东西提出问题，同时在陌生中得到问题答案的事情，一向是重要的问题。我们的感受、感性、感觉已经做好了充分的准备。

6. 增加感觉的参考书厚度

我拥有的参考书的厚度就是我的厚度。我们看到参考书厚度一样大小的世界，并生活着。看到同样的电影、同样的书，接受的东西是千差万别的，这是因为各自参考书的厚度不同，即不是我看电影或读书，而是我的参考书厚度在看电影、在读书。

参考书的厚度与书后面记载的参考文献相似。所有书的大小就等于那个参考文献的大小。只有喝过葡萄酒的人，才知道其味道；乘坐过车的人，才知道其差异。因为体验过的感觉，一般不会在记忆中抹去。这样的记忆累积后成了参考书的厚度。参考书厚的人，以多方面、立体地品味和感受这个世界。其实培养参考书厚度，没有什么特别的。看书、看电影、听音乐、看演出、旅行等所有的东西都可以成为积累参考书厚度的方法。

但这一切也有必要做出正确的选择。如果想去旅行，不要包干旅行，选择能够与生疏直接面对的，只为自己的旅行。如果没有余暇去旅行，就乘坐地铁看看。地铁是可以偷看人们欲望的最好地方。地铁本身不就是巨大欲望的罐头吗？书也如此，不是像摘要形式那样地读，而是亲自读，反复读，才能成为自己的东西。这样积累参考书的厚度，就能以厚度大小感受世界，即把自己投放在陌生的地方，拉出心底的能量，就是培养参考书厚度的最好方法。

7. 在感觉的游乐场与变化游玩

喜欢变化吧。变化不是追随的对象，而是相约一起玩耍的对象。其实麻雀可以跟着大雁飞。虽然腿短，但增加翅膀的拍数，追上腿长的大雁并不是不可能的事情。当然就像谚语说的一样撑破翅膀。

但"变化"绝对是不能追到的对象。追变化就等于追影子、踩影子的游戏一样，我走多少，影子也走多少。想要踩影子、随变化而追，很快就会筋疲力尽。相反，相约一起玩的时候，那个变化也成了自己的。要想这样，首先创造与自己生活的变化能够一起游玩的感觉的游乐场。并不是轰轰烈烈，才是游玩。真正的玩是对自己的感觉坦诚，不要勒紧五感，把自己的感受、感性、感觉变得自由。即使从现在开始，也要找到自我生活的乐趣，对自己的感觉变得坦诚。然而只有在那游乐场与变化一起游玩的人，才会占领市场，引领未来。

感觉的达人——海伦·凯勒

在人类历史上最有卓越感觉的人是哪一位呢？也许有人想起克里奥帕特拉，又有人想起玛丽莲·梦露等人。但我毫不犹豫地说要数海伦·凯勒。她是不会说、看不到、听不到的残疾人。五感中除了嗅觉和触觉之外，没有其他的感觉。但她是比五感都拥有的正常人，更深度地、更宽广地、更充满希望地感受世界成功的人。连我们看不到的东西，她也看到了。

看看海伦·凯勒写的《假如给我三天光明》的一段文字：

如果我有唯一的愿望，那一定就是临死之前给我三天时间，睁开眼看世界。如果我能睁开眼看世界，睁开眼的一瞬间去找我的恩师，教我取得如此成就的沙利文老师。到现在为止，我只用手指摸了她那熟悉而仁慈的脸，还有那美丽的身材，我用几个小时默默地看着，把她的模样铭记在心底深处，然后去找我的朋友、去田野、去山里散步。想看看被风吹得摇曳的美丽的树叶，田野上开的花，到了晚上看夕阳西下的美丽的晚霞。第二天醒来，看看清晨露出鱼肚白雄伟的壮观，早晨看大都会的艺术博物馆，晚上看宝石一样美丽的夜晚的星星，就这样又过了一天。最后一天一早就到大马路上，看看上班族们的表情，早晨想看悉尼歌剧院，下午去看电影。不知不觉到了晚上，走到高楼林立的城市中央，看着霓虹灯闪烁的橱窗里陈列的美丽的东西，然后回家。到了闭上眼睛的一瞬间，给予我三天光明，能够看到世界的上帝祈祷，之后回到永远的黑暗世界里。

看到这篇文章，能够了解海伦·凯勒，她比能看、能听、能说的人，心里藏着更加丰富和更多的感受。我们睁开眼都无法真正看到的，她闭着眼睛也能感受到。在这个层次上可以说海伦·凯勒是"感觉的达人"。

第四章

故事，俘获未来社会的力量

信息化社会的太阳陨落了。

我们还没完全适应这个社会之前，

现在正迎接其他形态的社会，就是梦想社会。

这是神话故事，以故事作背景

创造感性市场的新社会。

梦想社会，梦想社会的到来

还记得2002年韩日世界杯当时"梦想成真"的口号吗？那时整个国家全都因足球故事沸腾。看报纸、看电视、眼睛不管转向哪里，无论见到谁都只有关于世界杯的话题。世界杯每一天好几次地创造新的故事。没有人指使，人们自觉地传播故事，那无数的故事四面八方传开，倾泻而来。

梦想社会是指把故事像产品一样制造出来的社会。世界杯能成为"梦的宴会"，那不仅是人们单纯的狂热，而且还是因为每次传球的时候产生出另一个新的故事。实际上查看当时的网络信息，比报纸或电视所看到多100倍以上的故事。这分明是之前不曾有过的事情。即我们以世界杯为契机，亲身体会了我们步入了不同的时代、不同的社会。

享誉全球的未来问题研究集团之一哥本哈根未来学研究中心的罗尔夫·詹森所长结束了关于信息时代的演讲后，从一个听众那里接到一个非常荒唐的提问。"但是信息时代之后会是什么样的社会呢"，对于这个提问，罗尔夫·詹森几乎牵强地回答："过早地担心吧，信息时代才刚刚开始，还要延续很长一段时间，也许您在世时是一直延续的。"名义上还是个未来问题研究所所长，关于信息时代之后到来的社会竟连一句话都没提及，是件很丢人的事情。

后来罗尔夫·詹森费尽心思，把哥本哈根未来问题研究中心的所有力量集中到"信息时代之后到来的社会是什么"的问题上，1999年终于完成了报告书《梦想社会》。

在这个报告书的序言写了这样的话：

"信息时代的太阳已经日薄西山，虽然如今的公司和个人尚未完全适应时代要求。人类的发展历经渔猎文明、农业文明和工业文明，而今，我们生活在以计算机为标志的信息时代，随之我们将面临第五种社会形态：梦想社会。这是以神话和梦、故事为背景形成的新的社会。在这样的时代脉搏下，未来产品必须打动我们的心灵，而不是说服我们的头脑。"

这个报告书的核心提问是"信息转换成想象时，服务将怎样变化"，对此问题的答案如下：

"梦想社会的市场是由感性和梦想支配。在这个市场上要想取得胜利，就应该尊重故事。不能孕育故事的灵感，就没有存在的价值。没有赋予故事（情感）的产品会堆积在仓库里，没有故事（情感）就不能产生任何附加价值。现在消费者并不是买产品本身，而是买产品中萦绕的故事。不能满足这些的产品会被淘汰。想主宰企业和市场，就成为说书人吧！这是信息化时代之后到来的梦想社会生存的最好方法。"

例如，耐克是穿越语言和国境展开故事的代表性企业。耐克重视的不是产品本身，而是蕴藏在里面的永不言败和胜利的神话。穿上耐克就说明体会了这个故事，这就是让人穿上耐克的最大理由。耐克才是名副其实的梦想社会的企业。在梦想社会，创造故事的能力就是成功的能力。

　　未来将是出售梦想、感性和故事的社会，即以故事为背景成功的社会。这个时代的故事将创造利润。消费者重视的不是产品本身，而是产品附带的故事，因为消费者被这故事所迷住。这些故事是以感性为背景，以梦想施展的产物。这种感性市场，今后以理性为背景，要比以信息为基础的市场更加壮大。

想象力就是生产力

　　梦想社会用一句话说就是支配故事的力量、引领梦和感性的社会。这样的社会想象力与生产力有直接关系。左右购买欲望的故事力量终究是从想象力产生的。

　　法国哲学家加斯东·巴什拉说"想象力是精神的生产力"。但现在这句话应该修改。这个时代想象力已经替代了物质上的生产力，或者说想象力就是生产力本身也不为过。过去的时代以殷勤和毅力作为代表，持久的耐力主导社会，但现在想象力引导这个时代。

　　故事具有多强大的力量，看看《哈利·波特》或《达·芬奇密码》等所具有的影响力，就可以知道。人类信息收集有一定的局限性。因此把客观信息一直活生生地装进去，就达到头脑饱和状态。但把这些装在有意思的故事情节后传递，就可能无限地吸收。这就是故事的力量，是叙述的力量。因此对于梦想社会的CEO，需要具备强有力的讲故事能力。这与单单语言流畅不同，在这里所说的讲故事能力是传递好梦想和感性交织在一起的故事。

想要一个组织10年后也能继续生存下来，只是单纯生产出了不起的产品是不够的。产品里应该有故事，即用一句话来说，要有能够看到未来的某种东西，这个组织才能持续成长。

现在不是销售产品，而是购销故事的时代。因此不仅需要财务总监，甚至首席信息官、首席行政官、首席知识官。

现在包括CEO在内的所有位居要职的人，应该像古代祭司一样熟练地创造目录、讲故事，应该创造出组织的核心故事。组织要想强大，组织的故事应该蕴藏在所有组织成员和组织的所有产品里；企业要想生存，应该发掘出自我独特的故事，并把这个故事推广出去。

那么怎样把故事注入你的产品和服务中？罗尔夫·詹森的报告书里提出了三种方法：

第一，应该去寻找有故事的人。赞助登山者、运动员等并在公司产品里注入他们所拥有的故事。

第二，举办创造新故事的活动。比如举办运动会、沙漠和热带雨林、穿越极地等运动，创造出探险故事，与产品联系在一起。就连报社不也在春、秋举办马拉松比赛吗？即使没有故事，只是举办促销活动，也要创造故事。

第三，让顾客一起发明故事。在充满政治准则的世界里，香烟成了独立、自由和个性的标志。这个故事起初不是香烟制造者发明，而是顾客自己发明的，即顾客再生产故事。

就这样，故事随同企业生产出来的产品、服务一起传承。有故事的产品和服务，才能在市场拥有更强大的生命力和突破力。

梦想社会六大感性市场

在梦想社会，感性市场大门敞开了。梦想社会六大感性市场如下。

出售冒险经历的市场（"Adventures for sale"Market）

出售冒险经历的市场刺激逃脱日常的欲望。这个市场最大的优点是有关专业冒险家挑战和成败的所有故事在市场可以原封不动地搬来使用。

撒哈拉沙漠每年还在举办"地狱马拉松"。每年7月，在法国举办为期一个月的大长征——"环法自行车赛"，道路自行车赛。严弘吉、朴英硕、韩万勇等登山老手们即使已经征服了包括珠穆朗玛峰在内的喜马拉雅山14座险峰，还在不断地攀登极地的山。他们极地体验和冒险故事本身就能产生市场效应，就是出售冒险市场。当然他们不会空手去冒险。越来越多的企业给他们提供极地探险所需的装备和经费等物质支援。他们所用的产品和企业的形象被注入到冒险故事里。但现在只是冰山一角而已。可以说这个市场哪里是尽头，谁也不能预料。

团结、亲和力、友谊和爱的市场（Market for Togetherness, Affinity, Friendship, and Love）

近期开通的手机号大部分都以010开始。但有一个时期每个通讯社序号各自不同。这个序号与同类号之间甚至形成了团结。在我国喝同样饮料的人之间都感到亲密，即饮料市场和餐饮业也是团结、亲密感的市场。

数字化时代的到来反而增强了"共同感受体"的影响力，甚至结婚也一跃而成为巨大的产业。与以往的结婚典礼的形式不同，骤然增多的结婚信息公司变得多种多样。婚礼策划也不仅仅单纯起到准备结婚仪式的作用。还有葬礼有关的事业也如此。就这样随着爱的产业、友情产业、亲密感产业、团结产业的扩张，与此相关的市场也不断呈现扩大的趋势。

关怀的市场 (Market for Care)

曾在日本风靡，传到我国的玩具"他妈哥池"。这是个装机容量4比特芯片的小小的握在手里养宠物的一种培育游戏玩具。据说我国多家半导体公司取缔后再重新启用4比特生产线的理由之一就是继续生产"他妈哥池"，虽然现在这个狂潮过去了，但"他妈哥池"市场是具有代表性"关怀市场"的一个实例。

最近我国宠物市场也在急剧地增长。在全球以2005年为基点，就已经超过了10兆元（韩元）的时代，并产生了关心市场。

到了年末一定要登场的救世军也是关心的市场。彼得·德鲁克曾说过"救世军才真正是美国最有效的组织"。救世军慈善锅在考虑将怎样救济1891年在美国旧金山前沉海的船上幸存者的过程中，其中一个救世军士官拿出锅说出了"这个锅会让人沸腾"。现在赫因斯·沃德当选为最优秀选手（MVP）的橄榄球赛上也举着救世军慈善锅。这个救世军更进一步地制定了7项组织行为准则：

1. 理解目的。2. 体现品牌。3. 聆听并引导。4. 分散责任，共享利益。5. 通过组织发展。6. 果断行动。7. 重视快乐。

救世军能够被评价为像通用公司或IBM一样的顶级组织，就是因为它能够一直忠实地执行七项基本准则，以此为基础给予人们关心和感动的组织，不断变化的组织。因此不管是个人还是组织，想要在梦想社会生存，需要改变新的关心和分享的方式。

在梦想社会自愿活动或分享，也能不断升华为所关心的故事的时候，才可能生存。

"我是谁"的市场（"Who—Am—I"Market）

现今的人们通过自己选择的商品和服务，想表现自己的存在。这个欲望反映到衣服、领带、皮鞋、汽车、家电产品或手机等几乎所有商品。这样的趋势为品牌市场的出现做了准备。韩国能成为引进名牌市场也是如此，是"我是谁的市场"急速扩大的缘故。

只用名片表现自己的时代结束了。现在是你所带的商品才是自己的。以过去的标准看，可能是个奢侈的市场、炫耀的市场，但从梦想社会来看是新的蓝天。即看懂市场，个人或企业才能成长。

心平气和的市场（Market for Peace of Mind）

现在的消费者为了得到心理安慰欣然打开钱包。Secom，Caps等保安事业的普及也是这个原因。

银行、事务所、投资咨询公司等都在出售信用。未来政治学者费朗西斯·福山在自己的著作《信任》里说"信任是社会资本，出售信任是当今社会的市场"。很多律师担心地说："如果国外律师事务所进来，韩国的律师事务所市场将会怎样呢？"但对应的方法很简单。只要重新思考怎样确保信用方式，怎样能够平复不得不上法庭的人们的心。即从根本上去思考怎样出售"安心"，无论谁都可以成为安心的市场主人。

信念的市场（Market for Convictions）

从几年前开始所谓非政府组织（NGO）如雨后春笋般涌出来。这里有肯定的因素，也有否定的因素，但无论如何打开了以盈利为目的的企业向站在客观立场上的局外人拜托 "请监督吧！"的时代。这对企业来说有压力，但从正面看减少了不必要的误会，事先防止事情扩大，在这一点上不能说绝对不好，即在信念的市场是能够生存的一个方式。

以往的产业时代也有消费者抵制销售的运动。但现在的抵制销售运动不单纯是个人好恶的层次。例如，上市的商品有问题，一旦网上有了消息，毫无办法回收此商品。SM7汽车刚一上市就发生了这样的事情。车刚出市场没多久，网上发表了一旦装满汽油，油箱就有晃动的声音。雷诺三星开始认为"消费者敏感"而没太在意，但终究"主动收回"名目，决定SM7的收回。

在信念的市场与移动的消费者对抗的企业没有一个能赢。因此在梦想社会，企业每一天不是跟消费者而是要跟信念做斗争，为的是在信念的市场上不毁掉企业形象。尤其代表如动物爱护、保护绿色、社会正义等社会团体碰撞的时候，不能单纯躲避，而是对此尽力表明自身的立场。这样才能在信念的市场上生存下来，让备受敬仰的企业、备受敬仰的组织而重生。

一切成功的产品里都蕴藏了故事

这个时代的关键词毫无疑问就是传递。上司和职员、企业与消费者、市场与市场之间传递能否形成，左右事情的成败。

那么真正的传递是怎样形成的？

传递的本质不是说服，而是共鸣。不能共鸣，传递也不能形成。因此需要故事，CEO应该成为说书人。

到目前为止，只以组织能力可以成功，但在梦想社会用故事的力量打动对方心灵的领导，才能取得成功。想在市场上取得成功，首先让消费者产生共鸣，正是这个时候使用故事。例如，购物袋上只装物品的企业会倒闭，即应该与物品和故事一起装进去，最终故事的力量就是左右市场的力量。

我国葡萄酒市场的规模可以说是处于世界水平。葡萄酒比任何其他酒蕴藏了更多的故事。品葡萄酒就等于喝故事。事实上就因为蕴藏在葡萄酒里的诸多迷人的故事，使得它还在吸引很多人进入葡萄酒的市场。

1999年英国伊丽莎白女王访问我国。当时大宇集团金宇中会长陪同女王一起乘坐老式双龙车去了安东河回村。从那以后老式双龙车就因女王乘坐过的理由，开始在国内备受关注。商品本身没有变化，只是增添了一个故事而得到了巨大的利益。

因此成功的所有产品都蕴藏故事。但这个蕴藏的故事不是广告公司或企划公司，而是开发产品的公司包括CEO在内的全部员工。那么这样的故事是怎样形成的？

唤醒原生态记忆

为了创造有力量的新故事，有必要做"原生态思考"。列维·斯特劳斯在《野性的思维》关于"愚昧"时如是说："人们通常贬低原始人为野蛮人，但野蛮是不在于先进和落后，并不是反面和坏。"

野蛮是原始的，还未培育、未成熟的原始思维，原有的野性模式。在梦想社会想要得到故事的力量，焦点应该放在这个野性的思考上。即使生活在现代，我们的身体还有数亿年前传下来的野性的遗传基因。

故事的力量是在刺激、掏出、翻看在我们身体埋藏的野性遗传基因的过程中产生。野性思维作为背景的故事引导我们走向魔法的世界，这引起再咒术化。在梦想社会技术发展到一定程度就成为魔术、想象力比知识得到更丰厚的待遇。

霍华德·加德纳在《未受教育的心理》说，教育扼杀的重要的一个因素就是"野性的思维"。当然教育是必需的。但不要只满足于教育，从传说和神话等中摄取野生的滋养物，要同时进行。消费者们大致以感性买东西，之后用理性合理化，最终买的是商品里蕴含的故事。

重述一遍，商品要与故事相结合才能在市场上存活下来，即21世纪梦想社会应该尊重神话、传说、故事。发达国家在物质方面虽然丰足，但神话和传说、故事方面却很贫乏。反而像非洲人、印度人、亚美利加印第安人等还未被世俗化的种族，还流传着丰富的神话、传说、故事。现在我们也许要从他们那里借用神话、传说、故事的著作权。

当然只是单纯读檀君神话或希腊罗马神话，故事的力量也不会变强大。要增强故事的力量，应该唤醒在我们内心深处酣睡的野性遗传基因的野性思维读这些神话，站在他们的立场观看并感受他们的动向和梦想的东西。

《哈利·波特》的作者 J.K.罗琳说，在她写魔法师故事过程中借用了南美作家豪尔赫·路易斯·博尔赫斯的《想象的动物》中的很多部分，还有与此书能够媲美的书在东方，即中国古典《山海经》。这本书里出现的麒麟，外部形状上看，集狮头、鹿角、虎眼、麋身、龙鳞、牛尾于一体，尾巴毛状像龙尾，这个麒麟与《想象的动物》里出来的动物们在各方面类似。

现在不断反刍野性的思维并复活。想要增强故事的力量，敞开思路具备各种人文学的基础，再把这些转化成自我独特的故事。即商品上蕴含的故事，就等于商品拥有魔法一样。寻找有强烈冲击力的积极的故事、简洁而趋势分明的故事、有戏剧性逆转的故事吧！故事和商品恰到好处地结合，才是在梦想社会的市场上能够生存的最好的策略。

有故事的商品，以故事决胜负

1999年，在哥本哈根的一家航空公司收购了格陵兰岛的整个冰原，把这些冰原都做成块状的冰。这些冰块有一个故事，把这故事的一段写在卡片上与冰块一同提供给贵宾休息室和机舱一等座的乘客。"这些冰块里包含的空气，比建立金字塔之前还要早，即蕴含远古的气息。"冰块本身的价值微不足道，但这里装载了"蕴含远古的气息"的故事，冰块就成了与宝石一样的东西。这就是故事的力量。

再举个实例。东方快车穿越维也纳和伊斯坦布尔，而快车的运行，就已经输送了回忆、浪漫、魅力。不仅如此，从1922年制造后80多年来从没进行改造过的英国的AGA烤箱，一台需要1万~1.5万美元的高昂费用，但每年约售出7000余台。这种烤箱有"家庭和睦"的故事，因此可以有长久的生命力。

看看3000年前建立的金字塔吧。过了19世纪之后，金字塔才成了观光商品。目前通过金字塔赚进来的收入可谓天文数字，但成为商品之前的金字塔只是个废墟而已。但从考古学家和言论在金字塔上附加了故事之后，不同的故事不断产生，这所有的故事赋予了金字塔巨大的附加价值。

有个叫作"历史工厂"（History Factory）的公司，是在美国弗吉尼亚州的公司，从公司名就能看出这是一家给公司和商品赋予故事的咨询公司。这样的公司能够存在并生意兴隆说明了给商品赋予故事，才能够在市场实现成功。

其实，未来是由过去的历史故事与随着对其故事当前的感性认识而变化的。美国国家航空航天局的标语就是"美国对未来的投资"，从阿波罗项目开始到火星探测船，直至菲尼克斯对空导弹，创造了不计其数的故事。同样在梦想社会首先具有自我独特的历史，这里应该装载有故事的未来，再把这个故事表现出来。

产业时代的神话是制造福特汽车的亨利·福特。信息化时代的神话是比尔·盖茨。那么梦想社会的神话将是谁呢？人们异口同声地说史蒂芬·斯皮尔伯格，他是梦和感性，还有主导故事的梦想社会象征性的代表人物。

如果能够创造出自我独特的资讯、自我独特的故事，即使不是史蒂芬·斯皮尔伯格，也能成为梦想社会的主人公。过去在战争中刀枪之类的硬件非常重要，还有不久前驱动硬件的软件备受瞩目。但未来将由制作故事、生产底片的软件资讯所支配，即文化战争、故事战争将压倒枪、刀、炮弹的战争。

支配21世纪的感性将区分社会阶段性进步。市场比任何战略都要快，而比任何会议都要走在前面。因为市场反映的不是梦，而是现实。如果想掌握市场，与其会议，不如增加想象的时间。不应该被战略束缚，而应该做梦。因此以有故事的商品来武装组织是件很有必要的事情。但首先应该成为创意性的说书人。

归根结底想要持续发展公司，应该要创造自我独特的新故事。不仅出售商品，就连蕴含在商品里的故事也应该出售。我们现在在生产自我独特的故事和传播的过程中，要占据的并不是作为梦想社会周边的人，而是坐上主人公的位置。

第五章

欲望，永不饱和的市场

亚当·斯密曾想过的

心灵的市场、共鸣的市场，

到了信息化时代，才成为现实。

现在读市场的事情本身，就成为巨大的「心理学」。

读懂人心，才能读懂市场

为什么经营者都在用心于"情感"？理由很简单，因为情感左右市场。发现市场是情感窗口、共鸣窗口的亚当·斯密有一个"经济学鼻祖"的称号。他的发现就如同哥伦布发现新大陆、牛顿发现万有引力一样，有划时代的意义。但他并不是一开始就是经济学者。不，当时就连经济学的词语都没有。他与戴维·休谟一样，出身于苏格兰的哲学家家庭。

大多数人一提起亚当·斯密就想起《国富论》，但想知道"市场"，有一本书要比这本书先读为好，就是先于亚当·史密写出《国富论》17年的《道德情操论》。这本书也是不亚于《国富论》的巨作。

《道德情操论》的核心关键词用一句话概括，就是"同感sympathy"。用我们的话来解释"同时感受"之意，是"共感"，用哲学用语解释"同样的心"之意，是"同情""同感"。原是道德哲学家的亚当·斯密通过关键词"同感"，发现了"共鸣场所""同感场所"的市场。他说市场是"根据人的情感，而形成和变动价格"。的确这是个伟大的发现。但当时"共感场所、情感场所的市场"没有实现。因为有很多像国家或政府一样干涉市场的大户存在。

在亚当·斯密死去两百余年后，信息化时代把亚当·斯密发现的"共感场所、情感场所的市场"变为现实。亚当·斯密在世时和其后的两百余年间是国家和政府干涉频繁的时代。现今围绕全球资本市场的信息网形成了，就在一眨眼的工夫，数兆亿元（韩币）来来回回的感觉的信息网形成了，同时国家或政府的干涉也有了一定的局限性。如今的市场以信息网连接，以无数不知姓名的人情感的点击来移动，数目庞大的资金以无法测定的速度旋转在这感觉的信息网里，即亚当·斯密想到的"情感场所、共感场所"，到了信息化时代，才得以现实化，因此读懂市场本身就成了"心理学"。

我们用心于"情感"的理由也在于此。现在情感创造市场，情感的变化撬动市场。抗拒情感的服务，现在就不能成功。因为只满足需要的时代已经过去了。现在如果不满足欲望，再也不能活在市场上。即有情感的商品能够感动顾客的服务，才能生存下来，因此不能不再一次重视情感。

其实很久以来"情感"是重要的研究对象。但真正系统地研究"情感"并没多久。第一个提及的人是著名的人类学者玛格丽特·米德的丈夫格列高里·贝特森。他生活在20世纪，他说过："20世纪最有兴趣的科学发现，虽然还不是完整的状态，但还是关于'人性本质的发现'。"他在人类学、哲学、心理学、传媒学都进行了研究，通过自己的著作《纳文steps to an ecology of mind》，主张情感是巨大的生态系，其本性最终存在于像生态系中的食物链一样缠绕在复杂性里。

紧接贝特森之后，有一位潜伏心里复杂的生态系，更系统地靠近问题的人。他就是创造心流概念，30年来潜心研究的芝加哥大学心理学、教育学教授米哈里·契克森米哈。"心流"是一种对正在进行的活动和所在情境的完全投入和集中，是一种人们因为过于沉浸在一项活动中而忽略身边一切事物的状态。一句话指完全地"投入"。

平常我们的心处于信息无秩序的状态中，即不能领悟集中与投入的要领，就只能支离破碎。人才也是如此，底子再好，没有集中和投入，也不能发展为成熟的智能人。脱离单纯的幸福，沉浸在投入的时候，我们的生活也变得富足。还有我们的心只能通过投入，才能得到力量。

我们再看看，与米哈里·契克森米哈一同称为"心理研究"大师的20世纪最伟大的心理学家及教育学家哈沃德·加德纳。他非常重视"多元智能——创意性——领导能力——心理变化之间的关联"，1983年之作《思维的框架》里提出了所谓多重智能的划时代理论。1993年在这理论的基础上写出了接近创意性本质的《创造思维》，1995年发表了"领导就是说书人"内容的《领导的思想：洞察与包容》一书。

其后2004年应邀哈佛商业评论杂志社出了一本书，即目前为止将研究成果嫁接到服务领域的《转变思想》一书。这本书上详细地提出了怎样转变思想。

哈沃德·加德纳的著作非常多样，在这里主要研究作为骨干的四本著作：《思维的框架》《创造思维》《领导的思想》《转变思想》。

思维框架

《思维的框架》的核心关键词是"多元智能理论"。智能理论向来坚持采取如下观点：

一、智能是单一体。

二、人天生有一定的智能。

三、智能是存在于我们的遗传基因里，因此不容易转变。

四、通过IQ等测试可以检查智能。

相反哈沃德·加德纳的多元智能理论坚持如下主张：

一、智能是多元的。

二、智能不是先天决定的。

三、智能在特定的文化背景和历史情况下，可以有不同的评价。

四、智能不能以测试来决定。

哈沃德·加德纳大学时期对生物学有很大的关注就是为了想升入医科大学去听人类生理学科等的课程。升入研究生院之后，他开始关注艺术创造的过程，后来写了与此有关的几本著作。哈佛研究生时期，他参与了尼尔森·古德曼创办的项目零的研究团队，这个团队的研究目的是探究艺术的本能是什么，尤其是解开"应该怎样开发关于教育的艺术本能"。他听了参与项目研究的诺曼·盖喜文的讲演后，开始集中研究人的大脑。诺曼·盖喜文是在世界上首次提出人的右脑和左脑各自的作用和功能不同的事实，受到冲击的加德纳作为博士后的研究，投入到人脑研究中了。以此作为契机，创造了多元智能理论。

哈沃德·加德纳把智能定义为以特定方式处理具体形态信息的生物心理学能力。人有各种信息处理能力，即主张一直发展"智能群"。认为人是大概拥有九个智能（语言智能、数学逻辑智能、音乐智能、空间智能、身体运动智能、人际关系智能、自我认知智能、自然认知智能、存在智能）的有机体。

第一，语言智能包括口头语言和文字表达能力、语言学习能力，为达到特定目标的语言运用能力等。即语言智能越高的人越能在讨论学习上崭露头角，擅长幽默或串话游戏、猜字等。律师、演说家、作者、诗人等，都具有非常高的语言智能。这个语言智能直接关系到说书人能否在商业社会里成为领导应该具备的资格条件。

第二，数学逻辑智能是基本智能的核心，是逻辑分析问题、执行数学运算，以科学方法探究问题的能力。这一智能高的人比一般人能更快速解决逻辑问题。数学家、逻辑学家、科学家在这个智能上崭露头角。对许多电影剧本，分析目前在发生什么事，未来将如何，根据各自的情况，做最优决定的经营者来说，这个逻辑数学智能也是必需的。

但数学逻辑智能根据文化、历史背景不同，有不同的表现。看看1950年带领福特取得神话般成功的罗伯特·斯特兰奇·麦克纳马拉的情况吧！他虽然是数学逻辑智能人，但在肯尼迪和约翰逊总统手下任国防部部长时，没能发挥好自己天才的智能。他的数学逻辑智能就像法越战争一样，在与以往不同的文化、历史情况下没有起到多大作用。

第三，音乐智能是指对于演奏、音乐风格的理解、作曲技术等方面的智能。音乐才能为什么指定为智能的提问？加德纳回答道："语言方面的才能可以称之为智能，但不能把音乐方面的才能称之为智能，无论在科学上还是逻辑上都不符合道理。"指挥者本杰明·桑德尔指出音乐和商业之间存在相似之处，是指大规模组织的经营和指挥管弦乐团的原则有相似之处。音乐智能有利于商业企划和组织、传媒，还与数学逻辑智能有联系。尤其以和声乐为基础的音乐非常数学化。

第四，空间智能。这不仅是指认知狭窄的空间，还指认知航海师或飞行员们所经历的广阔的空间，并能操纵的潜在能力，还包括在心理形成空间表象或形象，把这表象和形象广泛利用的能力。这个能力对于建筑师、雕刻家、外科医生、象棋选手、图像艺术家等尤其重要。

第五，身体运动智能。为了解决问题使用身体全部或一部分的能力，对运动选手、技工、外科医生和其他直接利用技术的人们尤其重要。篮球选手比尔·布拉德利曾经说过"与某个人打一个小时篮球，就能掌握与此人相关的一切东西"，即比尔·布拉德利是位运动智能发达的人。

第六，人际关系智能。这是指能很好地理解别人与人交往的能力。这项智能是善于察觉他人的情绪、情感，体会他人的感觉感受，辨别不同人际关系的暗示以及对这些暗示做出适当反应的能力。适合的职业是推销员、教师、临床医生、宗教和政治家等，他们需要有人际关系智能。商人，尤其推销领域的人，人际关系智能更发达。

第七，自我认知智能。这是指自我认识和善于自知之明并据此做出适当行为的能力。这项智能是能够认识自己的长处和短处，意识自己的内在爱好、情绪、意向、脾气和自尊，喜欢独立思考的能力，需要对社会复杂性认知，要求强烈责任感位置上的人是绝对需要的要素。自我认知智能最重要的要素是情绪生活，将来这个自我认知智能的重要性会越来越扩大。

第八，自然认知智能。这是指善于观察自然界中的各种食物，对物体进行辨别和分类的能力。识别自然界存在的事物的差别，认识各种动植物之间的差异和各种形态的云彩和岩石层、潮水形态等的智能；在大自然中就能感觉到舒适，照顾和养护各种生物体，与此敏感地相互作用的智能。对于原始人类自然认知智能是绝对必要的要素，因为要区分毒草和能够食用的植物。看风水的能力也是一种自然认知智能。从根本上说风水是区分能住的地方和不能住的地方的标志。

根据哈沃德·加德纳所说，到目前为止发现的智能除了上面的八个之外，还有二分之一个，即加在这八个智能上的"存在智能"。存在智能是指提出"我们是谁""我们为什么在这里""我们为什么会死"等问题，对此进行思考的能力，在这个意义上是宗教上、精神上的智能，但加德纳把这第九个智能认定为完完全全的一个智能。因此他说到目前为止发现的智能的种类是八又二分之一。

整体上说：语言、逻辑数学、音乐智能是一系列象征性智能；空间、身体运动、自然认知智能是与物质相关的智能；人际、自我认知智能是与人有关的智能。

另外还有最近丹尼尔·戈尔曼强调的感性智能（情商）。戈尔曼的感性智能可分为自我认识、自我管理、社会认识、管理关系四个领域。这些对需要与人共鸣的领导来说都是一个重要的能力。

哈沃德·加德纳说："人们绝对不可能一模一样，智能也都不同。"例如，学习不好，但创造自我独特的东西不是不可能的。这就是他多元智能理论的核心。

即他分类的八又二分之一的智能人，都以不同的形态组合、发展，多元智能理论对我们有重大意义的原因在于揭开了这个"差异"。加德纳进一步启示了这个差异就是价值，并可以成为竞争力。

创造的思维

自我独特的差异来自哪里？追究这个问题，自然而然就谈到创意性的问题。创意性看起来非常宏伟，其实就是通过自己的长处刻画差异的事情。哈沃德·加德纳重视的就是这一点。他根据多元智能理论，审视"创造思维"也是这个原因。

他在《创造思维》里，通过对生活在19世纪中期到20世纪前半期的7位创造性人物的研究，强调了创意性和创造力的各种发生可能性。他说人在各自的领域有创造性。

例如，阿尔伯特·爱因斯坦在数学逻辑领域；莫罕达斯·卡拉姆昌德·甘地在人际关系领域；玛莎·葛兰姆在身体运动领域，伊戈尔·菲德洛维奇·斯特拉文斯基在音乐领域；J.K.罗琳在语言领域；西格蒙德·费罗伊德在自省领域；巴勃罗·鲁伊斯·毕加索在空间领域都是展露超群的创意性人物。这样的创意性具有以下两个特征。

第一，经过10年成熟期后，发挥10年，其后的10年扩散到其他领域。所谓"10-10-10"的法则。这样看来不管什么都需要拼命做做看看。

第二，创意性是以"五岁孩子"的眼光看世界时，才能开花。创意性天才都是保存着小孩子一样的感悟性。小孩子的心里装满了对一切东西的惊异和丰富的想象力、冒险心理。对陌生的东西敞开心窗，对新的可能性充满欲望。没有自我审查就能接受世界的五岁孩子，带有偏见的大人无法模仿的方式，看透事物和事态。

不要忘了，我们学到的东西，一不留神就抹杀掉根本而原有的视野、视线、观点的事实。现在我们应该恢复五岁孩子的视线。真正的创意性是五岁孩子的心和"10年成熟、10年发挥、10年扩散"的长久的时间投资，它们协调结合时，才能被发现。

领导思维

现代人类学家玛格丽特·米德在自己的著作《萨摩亚人的成年》《三个原始部落的性别与气质》等书里说过"任何文化也不能独占智慧。所有原生态层次上，就没有优越的文化"。由此她曾提出过颠覆白人–西半球优越主义的强烈的反对故事（counter-story）。

但哈沃德·加德纳认为像玛格丽特·米德一样能够拿出与一向占据主导地位的故事相对抗的新观点，这样的人才是真正的领导。同米德打破了社会普遍的观念，改变了对野蛮的认识一样，领导应该用新的故事来改变人们的价值观。

在《领导的思维》一书中，哈沃德·加德纳强调了"作为故事家的领导"。领导多多少少会影响他人的想法和态度、感受等。一句话概括，领导是指改变人们思维的人。改变他人思维的最适合的工具就是故事，即所有的领导应该是故事家。因此，哈沃德·加德纳说"想成为真正的领导，就成为故事家"。

领导有三种类型，即把传统故事原原本本再现的领导，传统故事加工的领导，创造崭新故事的领导。当然最强有力的领导是第三种领导，即创造崭新故事，通过故事改变人的领导。列举一下生活在20世纪的强有力的领导即故事家们。

1.前面提到的现代人类学家玛格丽特·米德。

2.原子弹研制计划——曼哈顿计划的领导者，从1943年到1945年，带领史无前例的大规模科学家团队，制造了世界上第一颗原子弹的理论物理学家罗伯特·奥本海默。

3.30岁就任芝加哥大学校长，以古典研究和哲学讨论为基础提倡高等教育理念的罗伯特·哈钦斯。

4.1920年通用公司挫败福特，使之登上顶峰的通用汽车公司的传奇CEO威廉·杜兰特。

5.第二次世界大战后企划和实行马歇尔计划，为重建整个欧洲做出卓越贡献的军人即政治家乔治·卡特利特·马歇尔。

6.最初提倡教会清廉，同时为了缓和冷战时期的紧张局势而努力，并为天主教现代化做出贡献的教皇约翰二十三世。

7.富兰克林·德拉诺·罗斯福总统的侄女即富兰克林·德拉诺·罗斯福总统的妻子，进步人权主义倡导者安娜·埃莉诺·罗斯福。

8.为了争取人权被暗杀的，美国著名黑人民权领袖马丁·路德·金牧师。

9.被评价为根治顽固"英国病"的英国首相撒切尔夫人。

10.抵抗夏尔·戴高乐，提倡法国国际化起到作用的法国经济学家即外交官让·莫奈。

11.宣传非暴力抵抗，并一直实践的莫罕达斯·卡拉姆昌德·甘地。

哈沃德·加德纳认为在20世纪政治史上引领思维变化最成功的人物为撒切尔夫人，53岁就成为英国下议院议员的撒切尔夫人，1979年举起"英国失去了道路"的标语，出任保守党领袖，成为总理后引用了前任首相之一的小威廉·皮特的话说"我很清楚能拯救这个国家的人除了我，就没有了"，还留下了著名的"劳动在故障之中"之话。就这样撒切尔夫人通过单纯而强烈的故事和与故事相一致的生活轨道改变了英国民众的心。

不受约束，"精神自由"的象征——安娜·埃莉诺·罗斯福留下了"昨天已是历史，明天是未知，今天是礼物"的举世闻名的话，从而得到人们的共鸣，梦想新世界的马丁·路德·金以著名的演说"我也有梦想（我有一个梦想）"动摇了人们的心。

还有在人际关系领域称之为创造性人物的甘地，用单纯得不能再单纯的"非暴力抵抗"的故事改变了人们的心，影响了全世界民族主义者，发展了社会运动。他除了这些强有力的语言信息之外，祈祷和断食，直到死为止都以非暴力抵抗敌人的决心，具有统一的一个信念，以全身心实践了自己的故事。就这样自己创造的故事，能够实践的时候，故事家的影响力和领导能力也达到顶峰。

如此想抓住很多人情感的故事，最重要的应该是有戏剧性的结构，即能够激发动机的故事、容易记录、多姿多彩，而且要真实，还有通过实际行动和实践论证故事的真实性和真心。没有实际行动和实践的故事不过是空虚的东西。

有领导气质的人不惧怕来自有权威的上级的挑战，即自己与上级一视同仁或同等的位置考虑，因此与他们面对面是很自然的事情。

典型的领导创造自我独特的故事，遏制反对意见，不断地探究未来故事。在这过程中突然拿出崭新的创造性故事。典型领导创造的故事中评价最高的首先有关同一性（identity）的故事。在这里尤其重要的是自我独特的同一性。同时一个核心故事持续地坚持下去，成功的概率也会增加。这个故事应该像没受过教育的五岁孩子心一样，真实、纯粹，而且亲自实践，给故事增添力量。

变化的思维

人心易变，表里不同的时候也很多。因此变化思维时，需要有利用一种杠杆的必要。

哈沃德·加德纳说的"思维变化"指个人或集团关于重要的方案，摒弃过去常规方式，选择新方法的状况。因此与善变（变卦）本质上不同。这种心理的变化连接到行动变化时，才有意义。那么究竟是什么能引起心理的变化呢？另有成功变化思维的要素有哪些？哈沃德·加德纳用"思维变化的七个杠杆"来说明。

1.理性：确认有关要素，一个个进行衡量后，整体评价。

2.调查研究：使用科学、系统的方法或统计资料。

3.共鸣：严密的逻辑、适当的调查研究，有听众的共鸣时才能显现思维变化的最大效果。

4.表象的重新构成：思维的变化通过其内容的无数形式，反复提供的时候，可以给人强烈的信任。

5.资源和补偿：在心理学观点有补偿的提供资源能把思维变化引向肯定的方向。

6.实际事件：实际事件对思维变化带来直接的影响。

7.对抗：想要真正理解思维变化，应该掌握各种形态的对抗。

就拿撒切尔夫人的故事适用在思维变化的七个杠杆上说明一下。

1.理性：撒切尔夫人非常清楚争论焦点应该怎样分析，争论焦点在哪一个层次上集中争论。

2.调查研究：撒切尔夫人正确掌握失业率、劳动争议、通货膨胀率，把这些东西积极利用在争论上。

3.共鸣：撒切尔夫人把自己的想法集中到认为可以说服的对象上是为了共鸣波及极限化。

4.表象的重新构成：撒切尔夫人尽量简单讲。不使用女王用语，使用直接而有号召力的日常用语。

5.资源和补偿：撒切尔夫人用了鞭子和胡萝卜。举反对旗帜的人用鞭子，忠诚的人必须施给胡萝卜。

6.实际事件：马岛战争这一实际事件能够看出撒切尔夫人领导能力的真正水平。1982年英国在马岛战争中胜利了，但很遗憾的是有250多名阵亡者。那年夏天撒切尔夫人放弃休假，在自己的首相办公室里，浮想每一个阵亡者，用真心给死者家属写了信。一提及撒切尔夫人通常都联想到"铁娘子"，但写给马岛战争死难者家属的信，能够看出领导的完胜，即像母亲一样温暖的母爱。

7.对抗：思维就像战场，很多故事相互竞争并面对面争斗。撒切尔也不例外。撒切尔夫人治愈英国病，找回英国国王的故事要与庞大的工会做斗争。还有以信赖和勇气、单纯但强烈的故事加形象，打开了他们心里的对抗战线。结果才使得英国得以变化。

比尔·克林顿也表现了思维变化的领导能力。克林顿是利用了卓越的人际关系智能的化身。从一开始他在理解别人方面发挥了卓越的才能。克林顿具有的成功的钥匙是掌握与自己有关系的各种人的个性，判断与他们亲近的接近方式的能力。他清楚所见之人的长处和短处，明白谁懒惰，谁有奉献精神。

克林顿惊人的人际关系智能的萌芽是从小时候开始。如果没有这个智能就很难在养父膝下长大。克林顿把自己惊人的人际智能与成熟演员的技术结合了。不仅在一对一的关系上把对方吸引过来，在大规模的各类听众面前也能够有说服力的演说，具有多样的面貌。在"乘坐飞机时希望谁坐在旁边"的问卷调查中，克林顿占据第一名。实时掌握听众的反应，虽小但有意义的变化增添自己演说的能力。因此他的故事始终从各种听众那里得到很大的共鸣。比起调动人们的能量，克林顿更能满足人们的同情和共鸣。这一点是与撒切尔夫人的不同之处。

为了吸引大众的注意，创造有兴趣的故事，这个故事通过自己的生活显现出来，以多种形式演奏出来，终于这个故事蔓延到我们的日常生活和文化里，使得能够扳倒"反对故事"。这时故事应该单纯而容易理解，情感上能引起深度共鸣，最重要的是有肯定性。

领导广义上可以分为冷酷（cool）领导和兴奋（hot）领导。冷酷领导把大众拉进自己的故事里，使得与他们追求的领导形象相符合。罗纳德·威尔逊·里根等是明显的例子。相反兴奋领导用自己的嘴把一切都说出来，让大众参与故事中或不能发挥想象力。林登·贝恩斯·约翰逊、理查德·尼克松、约特·金里奇是明显的例子。能够抓住大众的领导绝对是冷酷领导。

科学家或学者以理论改变人的思维。例如，托马斯·库恩在《科学革命的结构》一书中详细说明了模式的转换和认识论的转换过程。

不仅如此，艺术界巨匠们以三个方式改变人们的思维。

第一，在艺术表现方式上，拓宽我们的思考范畴。事实上毕加索登场前，大多数人认为不是纯粹形态的抽象雕刻是不能创造伟大的美术作品的。伊果·费奥多罗维奇·史特拉汶斯基、阿诺尔德·勋伯格出现之前谁也不能接受像《春之祭》《月光下的彼埃罗》一样的不和谐音的音乐。

第二，艺术巨匠们引进了过去不能成为艺术对象的新的主题，给人们的思维带来变化。摩斯·肯宁汉、乔治·巴兰钦只利用没有任何主题的纯粹，只用身体动作拓宽了舞蹈的新地平线。

第三，艺术巨匠们勇敢地面对大众的对抗，体现了时代精神。现代有毕加索的油画、詹姆斯·乔伊斯和弗吉尼亚·伍尔芙的小说、艾洛特的诗、伊果·费奥多罗维奇·史特拉汶斯基和阿诺尔德·勋伯格的音乐、摩斯·肯宁汉和乔治·巴兰钦的舞蹈。但他们也不是一开始就得到喝彩的，也是抵制过大众的对抗，开创了新时代。

要不断地学习

对于改变思维，学习也起到重要的作用。原来的学校是为了思维的变化而设立的机关。但今天的学校不能完成其任务，反而企业通过所谓的教育过程，承担其任务也不为过。

英国石油集团在整个20世纪一直占据石油生产企业巨头位置，但是七八十年代免不了一番苦战。David Simon从1992年到1995年坐上最高经营者位置后，开始试图改变，最终在主要石油公司的规模从第五升至第二，收益率从最低变成最高的公司。

现在的BP（英国石油集团）摘下大气污染主犯的"帽子"，成为追求新环境的绿化公司。因此不光是生产石油，重视太阳能发电，目前甚至举起了超越石油之意的石油以外（beyond petroleum）的旗帜。

那么这样的变化，怎样才得以实现？

当然员工从12万人减至5.3万余人，把传统的垂直结构，以水平结构来重新组织强有力的机构调整也是变化的一个原因，但重生的根本原因是不断地学习。如果这时没有通过持续学习的员工的思维变化，新公司重生是不可能的事情。

不管是组织还是个人都应该不断地学习，即应该自我创造学习的机制。很久以前戴上的知识的桂冠也会随着时间的推移慢慢变老。因此知识也应该不断地重新创造。正确地说应该把学习习惯化，学习不是只用脑子做的。顾名思义，真正的功夫是"身体功夫"。

创造自我独特的感性的病毒

你感受过"秋天的速度"吗？秋天伴随丹枫一起到来，丹枫简直就是测秋天速度的尺度。韩国的枫叶就像石蕊试纸吸水一样，大概在9月末从雪岳山和五台山的山头开始向山下每天40米，从北到南每天25公里，无声地移动，然后在某一瞬间山和田野，甚至覆盖城市的水泥道上的在昨晚还绿绿的树叶，到了第二天早上就神奇地染红，即这个丹枫扩散是谁也抵抗不了的"颜色的病毒"，像占领军一样靠近自然世界的引爆点。

引爆点是指因无声无息扩散的某种东西，在某一瞬间上演的戏剧性变化状况。这句话出自70年代美国东北部生活的白人们为了避开涌向城市的黑人们，某一瞬间逃离到郊外现象的城市人口社会学用语。根据城市社会学科人口社会学者的话说，移居到特定地区的非洲系黑人的人数超过当地居民的20%，在那个时点上就像撒谎一样几乎所有的白人在一瞬间都脱离这一地区。

但现今这个用语更多使用在经济心理学上，是指某一观念或商品无声无息的浸入，在某一瞬间渗透到市场样态的词语，即引爆点既是在市场上出现的感性病毒的传染现象，又是急速的思维变化现象。就像丹枫以颜色病毒告诉季节变化一样。

知道暇步士品牌鞋吗？暇步士曾有一阶段走到了库存积压的地步，年均销售量降到3万双，还算庆幸的是在直销打折店卖场或乡下破旧的店里几乎能找到。但后来，暇步士在1995年一年间销售了43万双鞋，在第二年销售额比前一年少说也要增加了4倍。其实制作暇步士的狐狼世界公司（wolverine world wide）原打算阶段性地把鞋废弃处理，谁也没曾想再努力地促进暇步士的销售量。但某一天暇步士像长了翅膀一样卖出去了，再也没有沃尔玛角落里沾满灰尘事情了。到底是什么东西把没落的暇步士的名气再次推向顶峰呢？堆积如山的鞋子为什么突然火速卖出去了呢？

这个理由用逻辑无法解释。但有一点可以确定的正是影响暇步士牌子的一种感性病毒动摇了人们的心，救活了废弃处理对象的这一牌子。

人们争先恐后买暇步士的理由，也许反过来是再也没有人想穿这个鞋子的原因吧。人们始终希望与他人有个差别化。纽约SOHO街的年轻设计师们可能更是如此的吧。他们寻找在自己的演出（表演）和设计展上穿上别人绝对不会穿的鞋子。因此没人穿，没人过目的牌子可能进入了他们的视野里。没人关心，这一点反而成了魅力的亮点。通过他们这些年轻的企划者和设计师的演出，暇步士好像成了新的牌子一样或给人感觉另类的东西。

不管怎样过时的暇步士牌子就像丹枫成了占领军，播撒颜色病毒传染一样，完全出乎意料地在感性病毒传染中得到了好运，迎接了爆破亮点。结果人们不单纯是买暇步士鞋，而是被暇步士牌子潜在差异的魔力所感染。

因此在我们日常生活中始终飘浮着感性病毒，就像我们得了感冒一样，这个病毒缠住我们。在这个过程中，心不知不觉也变了。如果想成为爆破亮点的主人公，有必要制造出自我独特的感性病毒，然后把这个装在唯我的灵感上，变成唯我的故事，装在自己生产的产品上传播下去。有新故事的商品，一定能打开新的市场。

马尔科姆·格拉德威尔在《引爆点》一书中说了如下的话："不为人知的书某一天可以成为畅销书。理解这样神奇的一瞬间的最好的方法是把这种瞬间看作心理变化的'社会传染'。灵感和商品、信息和行动也像病毒一样传播。爆破点的世界是指这样预想不到的事情在一瞬间像爆炸般蔓延。"

是的，世界上的所有变化其实从思维变化开始的。能够变化思维，就能得到世界。

市场是共鸣的场所

再一次记住市场是共鸣的场所，即一同感受心灵的场所，这一巨大的心灵场所就是市场。钱的流向、股票市场的浮动最终画出人们共鸣和同感的图表来演出巨大的感性流向。就这样最近市场是根据共鸣和同感的原理创造巨大的流向，在这里打开了感性的市场。还有这感性的市场现在不是"需求"，而是"欲望"的市场。按需出售商品的市场已经是饱和状态，但装了欲望出售商品的市场重新扩大，不断扩展，即欲望的市场、感性的市场没有尽头。

例如，最近几乎每一家都拥有一台以上的汽车。但汽车市场没有饱和，甚至继续扩大。为什么？需求的市场可以饱和，但欲望的市场是不会饱和的。今天的汽车再也不是需求的对象，汽车现在是欲望的对象。为了不走路而乘车的时代已经过去了。如果只依赖需求，汽车市场早已达到饱和状态，但汽车市场会继续膨胀下去。这是欲望在牵动着汽车市场的缘故。

还有在这感性市场出售的欲望商品顾名思义都是"有故事的商品"。这些故事潜藏着感性病毒，具有传染性。不是商品的质量，而是潜藏在商品里的故事。

用耐克举个例子吧。耐克鞋，穿久了也会磨破鞋底。但耐克有"胜利、神话、不败"的故事蕴含在产品里，比同质量的其他鞋贵好几倍，但会飞速卖出去。万宝龙钢笔、路易威登手提包也是同样的道理。人们买的不是东西本身，而是买藏在那商品里的故事。传染感性病毒，欣然支付高价选择"有故事的商品"，把这个嫁接到自己的生活，主动跳进这一感性病毒荡漾的故事里。感性市场是由感性病毒荡漾的"有故事的商品"所支配。

有故事的商品立即与信息连接。但并不是随便装故事，就能提高商品的附加价值。这个故事必须拥有传染性很强的感性病毒。现在打开的感性市场里，能够做出"感性龙卷风"的人和组织才能打胜仗。

推销员中间经常传开的一个逸事，就是卖给爱斯基摩人冰箱和空调的故事。根本就不需要这个东西的人，能卖给他们这个东西，才算是推销员最高的境界，这个故事就是这样产生的。

那么真的能卖给爱斯基摩人冰箱和空调吗？

回答"是"。市场现在不是需求，而是根据欲望而动。事实上对爱斯基摩人来说冰箱和空调是不需要的东西。但欲望走在生活需求前面，能够刺激欲望，就能卖出东西。就像精神分析学家拉康·雅克所说一样"需求可以满足，但欲望决不能满足"。曾诊断过消费社会的让·鲍德里亚也说过"商品并不是因物质性，而是显露'差异'被消费"。

112

我们生活在市场里，家家都有电脑、汽车、冰箱和洗衣机，但过了一定时间或爱好问题，升级换代或换掉成了再日常化不过的了。就这样，市场不断地创造出新的需求。原因是我们所面对市场越过了"需求市场"，走向"欲望市场"。现在需要做的事情是读懂消费者欲望，摸索欲望、走进欲望市场的事情。以需求的观点看是饱和状态，但从欲望的观点看市场始终是不饱和的蓝海（大海）。

想在这欲望的市场、感性的市场生存并取得胜利，首先能够读懂消费者和使用者的心思，进一步与他们的心不断地更新接口，积极沟通，打动他们的心，这样才能驾驭消费者和使用者的欲望，使其欲望得到极致满足，从而包揽整个心灵市场。

现在思维产业是第五产业。越过农业、渔业、林业、畜牧业等第一产业，制造业、工业等第二产业，物流、流通即服务业等第三产业，IT业等高科技为中心的第四产业，现在作为第五产业的思维产业正展现出来。这既是越过"高科技"水平的"触摸"产业，又是高附加值产业。随着市场感性化的加快，思维产业也以巨大的规模扩大。

从第一到第四产业是重视人们需求的产业。但第五产业即思维产业重视人们的欲望，并开拓新的市场，在完全崭新的层次上创造出附加价值。思维产业时代正在到来。在这样的思维产业时代里要想成为胜者，首先应该增强个人和组织的"思想力量"。

组织需要非常能讲故事的"感性CEO"。市场需要充满感性病毒、"有故事的商品"。因此反过来思考看看吧！然后就像亚当·斯密发现市场一样，发掘出差别化的唯我的某种东西和唯我的感性病毒，进一步把这些装进自己的生活里，变成唯我的故事。笨嘴拙舌也好，生疏也好，但应该要装自己声音的故事，才能在这里打开市场，能拓展未来。企业的CEO要具备能够带领思维产业的"感性领导能力"，企业应该拿出装有感性病毒的强有力的"有故事的商品"。现在抢占这个思维产业者，才能成为未来的主人。

第六章

诱惑，无声的占领军

人类只有诱惑，才能生存下来。

搞政治的人应该诱惑大众、商品应该诱惑顾客，企业应该诱惑市场，

不能去诱惑，就不能生存下来。

只有去诱惑，才能生存下来

我们生活的这个世界，说是大型的诱惑宴会场也不为过。任何生命体要延续生命、繁衍下去，都需要诱惑。生命体按诱惑的成果大小，连续存在。鸟鸣、知了的鸣叫、萤火虫的荧光、鹿的麝香，这都是诱惑的各种手段和方式。生命的延续和繁衍基于诱惑的成果上。

诱惑是生命力的表现，是活着的证据。诱惑有多强烈，说明其生命有多健康。不健康的生命支撑不了你推我搡，就想早点了断或干脆放弃，即健康的生命，喜欢紧张的你推我搡的过程。"诱惑"是"生动"的另一个表现。

人主要是以"话"诱惑对方。在诱惑这个词中的"诱"字是"说话的言"加上"出类拔萃的秀"字，看字就可以知道，人类历史可以证明，"话"是有多么强大诱惑力的武器。

看看圣经的《创世纪》，女人被蛇诱惑，被蛇诱惑的女人再去诱惑男人。神下诅咒给各自不守信约的人们，让蛇一生只能用肚皮爬行，与女人的子孙后代为敌、女人经历分娩的痛苦并被男人所隶属、男人为了生存一生劳作而死。

根据《圣经》，人类历史是从吃了禁果的男女被驱逐到伊甸园开始的。人类历史的展开过程从这个层次上看是诱惑的文明化、精工化的过程。在文明的过程中诱惑变成了文化，现在这个文化变成了我们的日常生活。我们在诱惑中

117

呼吸、吃饭、睡眠、生活下去。

事实上人类有了诱惑，才能生存下来。这不只是属于恋人之间的关系。搞政治的人要诱惑大众，商品要诱惑顾客，企业要诱惑市场，因为不去诱惑，就不能生存下来。正是因为这个理由，我们要学会诱惑的技术。

诱惑者的九个类型

罗伯特·格林的《诱惑的技术》整理出了九种具有代表性的诱惑者类型。

1. 独领风骚（the coquette）—— 冷淡的自我陶醉型

风骚是指抓不住的像影子一样的类型。假装给人情，突然不理人使对方困惑，结果让对方纠缠的类型。好像答应又好像不答应始终让对方火烧火燎的拿破仑的恋人约瑟芬、安迪沃·霍尔、伊丽莎白一世等都是独领风骚的代表性人物。

2. 领袖风范（the charismatic）——热情有信念型

领袖风范是指像酒精灯一样吸引人，有明确的目的和神秘感与热情相结合形成有吸引力的磁铁。马尔科姆·埃克斯（美国黑人解放运动激进派领袖）、吉杜·克里希那穆提（思想家及宗教领导）、戴高乐（法国军人及政治家）、圣女贞德、拿破仑等都是具有领袖风范的代表人物。

3. 明星（the star）——神秘偶像型

明星要保持突出的形象。人们通过形象看自己想看到的、感受想感受到的东西，而明星具有的诱惑真正的力量是代理满足。普通人不能经历的事情实际上由他们代替做。电影明星玛琳·黛德丽、约翰·F.肯尼迪总统、圣日耳曼伯爵（称之为铁汉子的18世纪冶金师）等人物属于明星类。肯尼迪总统的夫人杰奎琳说过"肯尼迪的人生更接近神话、魔法、传说、英雄传"。实际上他不只是一位单纯的政治人。

4. 塞壬（the siren）——女妖型

塞壬是人面鸟身的海妖，典型的吸引男性的类型，像水一样轻柔迷人。塞壬动员性感的魅力展开诱惑的翅膀，这并不只是全部。克娄巴特拉、玛丽莲·梦露、波利娜·波拿巴（拿破仑的妹妹，色情的化身）等都属于此类型。

5. 放荡（the rake)——放荡不羁型

他们是男人，但像塞壬一样用性感的魅力迷惑女性的心。唐胡安、埃尔维斯·普雷斯利（猫王）、加布里埃尔·邓南遮（意大利文学家）、黎塞留（法国政治家）等都是放荡型的代表人物。没有屈从于陋习，以自由人生备受无数女性爱戴的伟大的诗人拜伦也是放荡型人物。

6. 理想（the ideal lover)——奉献恋人型

他们强烈地去接近追求浪漫、冒险、情感交流的人们，即能够重新实现破碎梦想的救援者的样子。卡萨诺瓦不仅仅停止在诱惑女性的事情上。从相见的一瞬间开始就研究对方，掌握所需的东西，不仅迎合对方的心情，而且迅速地用行动填补所需的部分。通常国王的情妇们能维持关系最长的也就3年。但路易十五世的情妇蓬帕杜夫人在国王的身边保持了整整19年的权位。只用性感的魅力是不可能的事情。她与路易十五世进行情感交流，是个能够不断地给他指点的女人。营销或推销、市场战略等方面也可以适用的方式。奉献型的代表人物有卡萨诺瓦、蓬帕杜夫人、格里戈里·亚历山德罗维奇·波将金（叶卡捷琳娜二世的情人，为她承受了无数的逆境和危险）等人。

7. 花花公子（the dandy）——创造性设计师型

无声电影时代的主人公，又是埃尔维斯·普雷斯利（猫王）的偶像鲁道夫·瓦伦蒂诺、开发系领带独特方法的保布若莫、尼采一见倾心的露·莎乐美等都是花花公子型人物。这些人展现了某些人所希望的生活方式来诱惑对方。就像埃尔维斯·普雷斯利说鲁道夫·瓦伦蒂诺是"我生活的典范"，尼采称赞露·莎乐美是"女人的样板"，有人看到Bowe Beuromeo系的领带想到"我也想那样系领带"一样。就这样花花公子型对于想创造自己真正喜欢的生活的人们是个非常有诱惑力的存在。

8. 潇洒的人（the natural）——天真烂漫型

白金汉伯爵上了岁数依然看起来天真烂漫、呆头呆脑。就以这个形象打破了君王的警戒心，接近到心灵深处。过于帅的人、过于聪明的人、看起来有点地位的人产生距离感是理所当然的。相反天真烂漫的样子引起好感，不会被人防备。白金汉伯爵、查理·卓别林等就是天真烂漫型的代表人物。他们具有孩子的特性，无论谁都站在他们面前敞开心扉，带着童真幻想再回到孩提时代。

9. 吸引力的人（the charmer）——娴熟的外交家型

他们就像间接照明一样的人。吸引力是隐藏自己，把对方推举成关注的对象。把对方塑造成明星，使对方依靠自己，由此在对方的身后发出光。本杰明·迪斯雷利是维多利亚女王时代的总理，如果没有他就没有维多利亚女王。

诱惑是生存的殊死搏斗

帕特里克·勒穆瓦纳在《诱惑心理学》中提出了"人类是怎样互相诱惑"，男人和女人为了相互诱惑竭尽全力。化妆、打理头发、锻炼身体、改变眼光和步伐。那么在市场上想要诱惑顾客应该怎样做呢？

就像男性诱惑女性、女性诱惑男性一样，商品也要动员一切感觉诱惑顾客。商业归根结底是面向顾客的诱惑。那么有效率的诱惑技术都有什么？

第一，稳定对方后，命中要害

亨利·艾尔弗雷德·基辛格在国际性谈判桌上一开始冗长地罗列细节，让对方筋疲力尽，然后趁对方松懈之时果断地提出意想不到的要求，占领了谈判的优势。

第二，瞄准对比效果

回顾一下1980年美国大选。詹姆斯·厄尔·卡特的优柔寡断更加烘托了罗纳德·里根充满自信的形象。当时美国处于因越南战争中的惨败、1979年伊朗事件等自尊完完全全受挫，难以找到希望的时期。凡事都充满自信的里根的形象能够引起很大反响，也正是这个理由。以对方短处对比自己长处时，诱惑的力量会更加强烈。

第三，压制对方的防御本能

维多利亚女王非常忌讳接近自己身边的男士。当时任总理的本杰明·迪斯雷利是完全解除了女王这样的戒备心，使女王敞开心扉的唯一的人。舒缓对方僵硬的心，降低防御本能，深入到心灵深处，是与对方产生共鸣的方式。

第四，以幽默和讽刺逆转状况

在议会上常常发生攻防战，经常相互用攻击性或侮辱性的言论。如果不能适当还击对方攻击性的言论或非难，就被抓住致命的弱点；如果保持沉默就肯定了对方；如果对抗攻击发火或展开激烈的争论，就被卷入对战。但迪斯雷利总理绝对不会被这种气氛动摇。他既不展开激烈的争论，也不发火，始终以沉着的态度应对对方的攻击，贯彻自己的见解。他主要以幽默和讽刺引起在座各位的哄堂大笑后，慢慢地找出应对攻击的方式。

第五，通过故事持续诱惑的力量

《一千零一夜》的山鲁亚尔每日迎娶一个少女，翌日清晨即杀掉，是个残暴而麻木不仁的国王。但成为王后的聪明的山鲁佐德用不间断的故事每晚刺激国王的好奇心，一直连续讲一千零一夜的故事，幸免于死。国王被她的故事感动，才不忍心杀她。她用有趣的故事诱惑国王，才能够既救了自己的命，又给国王生了孩子，维持了自己王后的位置。不间断连续故事的能力是伟大的力量武器。

第六，用情感的催眠效果进行诱惑

1898年12月，西欧七国驻中国清朝大使的夫人们被当时最高权重西太后邀请到紫禁城参加宴会。西太后掌握了皇帝的权力，比登上皇位的侄子光绪帝更有实权。成了皇帝的光绪帝在西欧势力的支援下想实行一系列改革，西太后就把光绪帝赶下台掌握权力。宴会之所以邀请大使们的夫人，就是为了平息西欧势力的不满。宴会那天，西太后以人们难以想象的豪华阵容出现了，所有的人为之瞠目结舌，征服宴会的西太后亲自给大使夫人们戴上了镶嵌有很大珍珠的金戒指。宴会结束后回到大使馆的夫人们跟自己的丈夫们赞不绝口说，西太后并不像人们所说的那样凶狠，而是非常和蔼威严而充满品味的人物。这样的传言通过大使馆传到本国，最终西太后成功诱惑西欧七国。

五位诱惑大师

克丽奥佩特拉

有一位女人不仅诱惑诸多男性，就连古代整个世界都用自己的魅力掌握在自己手里，她就是克丽奥佩特拉。克丽奥佩特拉是历史上最具危险、最具戏剧性的，有诱惑技术的女人。她的人生本身可以说是典型诱惑也不为过。她诱惑并征服了当时最优秀的两个男人尤利乌斯·恺撒和马克·安东尼。

克丽奥佩特拉在公元前69年托勒密王朝的王位继承排位上位列第三，从小就头脑非常活跃，她接受埃及最高水平的学问，文学、刑侦学、哲学、数理学、几何学、天文学、医学、马术、画画、唱歌、竖琴演奏等，并在诸多方面显示出学识和才能。外语也非常出色，精通埃及语、希腊语等八国语言。

她10岁左右就已经开始涉足于明争暗斗的激烈政治斗争中。她的父亲被姐姐贝勒奈西驱逐出境后，她与父亲一同躲避到罗马生活，依靠罗马的支持回到埃及后处死贝勒奈西，并开始大规模的肃清。公元前51年父亲一死就登上王位与当时10岁的兄弟托罗密十三世共同执政。但当她知道了支持托罗密十三世的势力对她虎视眈眈，并想尽办法驱逐她时，她就果断清除了托罗密十三世和他的同党。

克丽奥佩特拉是以诱惑的力量维持国家的女王。对她王位获取和维持给予最大帮助的人就是恺撒。她以自己的美貌和智慧、多方面的博学迷住了恺撒，她与恺撒之间有一个儿子，名叫盖厄斯·儒略·恺撒利恩。时年52岁老奸巨猾的将军恺撒，就在克丽奥佩特拉开口的一瞬间被她征服，成了她坚实的后盾。驱逐托罗密十三世，把埃及归还给克丽奥佩特拉的人物就是恺撒。克丽奥佩特拉迷惑恺撒得到王位，守住了王位。

克丽奥佩特拉和恺撒就像女神和神一样装扮，航行尼罗河庆祝胜利。之后公元前45年，克丽奥佩特拉和儿子一起应邀前往罗马，住在第伯树对岸的恺撒私人宅邸。恺撒在罗马建造了一座维纳斯的神庙，把克丽奥佩特拉的黄金塑像竖立在女神之旁。但公元前44年恺撒被刺身亡，克丽奥佩特拉也随即陷入了危机，黯然离开了罗马回到埃及，但这样的清净没有长久下去。暗杀恺撒的势力被镇压，新的势力得势，她又跳进了诱惑的新战场。其实为了生存，是不可避免的选择。

这次她选择的人是马克·安东尼。安东尼获得罗马帝国的东部行省的统治权。他为了征伐克丽奥佩特拉去了埃及，但连续四天的香艳让其神魂颠倒，把任务置之九霄云外，跟随她进入了埃及首都亚历山德里亚。其后一年一直停留在那里完全成了克丽奥佩特拉的奴隶。

实在看不下去的屋大维派去了当时在罗马最具美貌的自己的姐姐奥克塔维娅。结果奥克塔维娅成功地把安东尼从克丽奥佩特拉的诱惑中拉回到罗马，并与安东尼结婚，但他们的婚姻生活维持不到3年。安东尼不能彻底脱离克丽奥佩特拉投下的诱惑的网。他追逐诱惑重新回到埃及，按克丽奥佩特拉的要求将其与自己所生的双胞胎兄妹接受为合法的子女。他答应恺撒与克丽奥佩特拉的儿子恺撒利恩被推举为埃及王国的继承人。克丽奥佩特拉和安东尼进一步要建立罗马-埃及联合王国的计划。

结果屋大维的罗马帝国和克丽奥佩特拉和安东尼的罗马-埃及联合王国开始了无法避免的战争。但亚克兴海战安东尼舰队受挫，惨败的克丽奥佩特拉为了避免拉去罗马被示众的羞辱，把自己扮成女神伊西斯让"阿斯普"毒蛇咬伤自己，结束了历史上最具危险、富有诱惑化身的一生。她名义上只有两个男人，即只诱惑了恺撒和安东尼，但实际上在当时等于诱惑了全世界。她是想通过诱惑统治世界。

那么克丽奥佩特拉所具有的诱惑的武器是什么？是传说中的美艳吗？实际上她并不是世间传说中那样的绝世美人。她能散发独特的魅力，只有她自己特有的化妆方法。那么她的口才又如何呢？实际上她非常博学，能说多国语言。加上开口的一瞬间能够虏获恺撒的口才非常了得。

但克丽奥佩特拉另有真正诱惑的武器。那就是"超越想象的快乐"。通过近100多日持续的尼罗河上的旅行，她给了恺撒"难以想象的快乐"。诱惑以本质的快乐作为武器。通过这个操纵人们的情感、刺激欲望、造成混沌、得到心理上的屈服。克丽奥佩特拉把这种快乐逾越想象的高墙展示出来了。到了现在克丽奥佩特拉使用过的诸多方法一直大显神威。

伊丽莎白一世

伊丽莎白一世也是通过诱惑维持了自己的权位。她登上王位时，英国正处于败亡前夕。但经过伊丽莎白一世的统治期后，英国成了"不列颠国家"大英帝国。伊丽莎白一世不断地诱惑身边的政治家、实业家、冒险家、技师等人，他们为了得到伊丽莎白一世的爱，在自己的领域竭尽全力去工作。

伊丽莎白一世在蒂尔伯里高原对士兵们说了这样的话："我虽然披着软弱而易碎的女性肉体，但内心装满了国王的胆略。我是你们的将军，又是法官，致贺你们功劳的人。"

伊丽莎白一世直到25岁年龄登上王位为止，始终冒着生命的危险，在政治上走钢丝。她的父亲亨利八世在她3岁时把她的母亲安妮·博林处斩。看到不能再吸引父亲的母亲惨遭处死的伊丽莎白一世早早地懂得了为了生存要不断进行诱惑的道理。

伊丽莎白一世终身未嫁，但统治期间一直开展结婚为争论话题的战略。为了维持权力的目的而不断地订了婚约再取消的过程，挺住了数十年。即对大臣们、贵族们和议员们依次进行诱惑，取得了"无条件服从"。

政治家、实业家、技师等在她的命令下争先恐后地开拓新世界，这也是对女王求爱的一部分。沃尔特·雷利为了得到女王的欢喜，两次航行了美洲、为了自己的爱和倾慕的童真女王，即为了童真女王，开拓了弗吉尼亚并献给了女王。

1558年玛丽一世去世后，25岁的伊丽莎白一世经过千辛万苦登上王位。在她即位时英国在欧洲是最混沌的国家。不仅与苏格兰不断纷争，与西班牙及法国的对立也没有终结，就连适合建立同盟的对象都没有。不仅如此，还负债累累，国库空虚，货币价值下降和急剧的通货膨胀，新旧教徒间的宗教对立，社会处于混乱的极限。一句话可谓已经到了破产的地步。

但到了半世纪后的1603年，经过伊丽莎白一世45年的统治，英国在欧洲成为一个最强大而富裕的国家，蜕变为世界历史中的伟大帝国，从面临破产在即的国家重生为"不列颠国家"。实际上大部分历史学家对于能够逆转历史人物的伊丽莎白一世，没有提出过异议。《纽约时报》评选在过去1000年间最卓越的领导人为伊丽莎白一世的理由也正是这个原因。那么伊丽莎白一世到底用什么武器让大逆转剧成为现实呢？

想仔细地观看伊丽莎白一世演出的这个巨大的大逆转剧，需要简单学习英国历史，但并不复杂。当时英国历史实际上就等于伊丽莎白一世的父亲亨利八世的女性经历及诱惑历史。1509年即位前亨利八世与现在的西班牙人阿拉贡的公主凯瑟琳结婚。两人维持近20年的婚姻生活，1516年生了一个女儿，她就是伊丽莎白一世同父异母的姐姐玛丽一世。但亨利八世为与夫人之间没有儿子而苦恼，这时年轻快乐的宫女安妮·博林出现在她面前，故事变得复杂。

迷上安妮·博林的亨利八世与凯瑟琳离婚想与安妮·博林结婚，但因为教皇克雷芒七世的强烈反对，没能成功。最终诀别了禁止离婚的罗马天主教，创始了英国圣公会，贯彻了自己的意图。但亨利八世和安妮·博林还是没有儿子。只是1533年生了女儿，就是后来的伊丽莎白一世。

最终亨利八世和他第三任王后简·西摩生了一个男孩。以九岁年龄继承亨利八世王位的爱德华六世。但爱德华六世十六岁时得了结核，没有留下后嗣便离开人世，无奈亨利八世的第一个女儿玛丽一世登上了女王的位置。伊丽莎白一世的磨难才真正开始。

同父异母的玛丽一世统治期间，伊丽莎白被关进伦敦塔等经历了数次的死亡关。幼小时生母被拉去伦敦塔处决，刚过二十岁左右的女孩在那里所感受到的恐惧有多大呢？可能难以想象的是，母亲安妮·博林是在伦敦塔上被处决的，但伊丽莎白被关进恐怖的伦敦塔是因同父异母的玛丽一世的憎恨被关进去的。

当时伊丽莎白是因为赶出玛丽一世王位的托马斯·怀逸的逆谋被牵连，而受到怀疑。但伊丽莎白没有失去冷静，作为一名王位继承者在那样悲惨的处境下也没忘掉"生存才是胜利"的事实。

当时玛丽一世为了替母亲凯瑟琳的冤屈报仇，高压镇压英国圣公会，得了"血腥玛丽"的绰号。玛丽一世婚后无子，得了子宫癌死去后伊丽莎白终于登上了女王位置。可谓是瞬间从地狱登上天堂的戏剧性逆转。

但伊丽莎白一世知道权力不能像国际象棋那样一朝就能逆转，因此没打算一下子改变全部。对推向自己陷入死亡的人们也没有立即举起刀，甚至没有急于为生母安妮·博林冤屈做出抗辩和恢复名誉的事情，但她为持续自己权位而尽了全力。

研究伊丽莎白一世的学者们，对于伊丽莎白为什么不为因通奸罪被处死的生母尽早恢复其名誉，始终是个脍炙人口的谜底。那是因为不想再一次被过去所束缚，不想再造成混乱的缘故。伊丽莎白一世能够在权力斗争中成为胜者，是因为能够战胜报复和报仇的诱惑。与对宗教问题非常残忍的玛丽一世不同，伊丽莎白一世不会只因信仰不同而迫害特定人或特定势力。

尤其在伊丽莎白一世即位时，英格兰处于内部因宗教分裂的混乱状态，为了巩固统治，缓和国内外的压力，采取了对天主教和新教兼容的政策，稳定了政治基础。即她的目光不在过去，而面向未来。她取得的胜利，就是面向未来克服过去的具体证据。伊丽莎白一世没有拘泥于过去而报仇，相反是走向未来。

归根结底伊丽莎白一世领导能力的核心就是"均衡的诱惑"。斯坦福大学教授托兰斯关于领导力说过"发挥最高领导力的瞬间——女性的感受能力和男性的刚毅结合在一起的时候"。伊丽莎白一世是恰到好处地把这两个结合在一起的代表性领导。伊丽莎白一世具有怜悯、同情、忍耐，还有旁听的态度等女性特征，同时具备大胆、果断及野心勃勃的男性特征。她绝妙地结合男性特征和女性特征，诱惑了英国，进一步诱惑了欧洲。她这样的诱惑使她与她的王国跨入新时代。

拿破仑·波拿巴

拿破仑是把女性特有的诱惑力引进男性世界的人物。他正确地掌握了诱惑即创造权力的道理。只要向往权力的属性不消失，人类绝不会摆脱诱惑的欲望。

拿破仑在1796年攀越阿尔卑斯山脉进军意大利前，集结自己的士兵发表了演说"法国政府欠了诸位很多债，但无法为你们做什么。但我现在引导你们去往世界上最肥沃的土地，过了那个山脉富饶的城市和村庄将等待诸位。在那里诸位将收获财富和名誉、荣誉"。

对于别无其他希望，加上没受过正常待遇的法国士兵们来说，拿破仑的话成为贴近他们的强烈的诱惑力。当时27岁就成为法国军最高司令官的拿破仑，与士兵们不愉快的过去和跟着自己攀越险峻的山等待的是财富和荣誉的希望戏剧性地成了对比，诱惑并引导了士兵。结果拿破仑和他的军队越过险峻的阿尔卑斯山进军北部意大利取得了成功。

"男人在战场上迅速成熟"是拿破仑说过的话。作为将军、作为第一统领还有作为皇帝指挥和统治的21年，他一刻都没停歇过南征北战，取得了60多次的战斗胜利。历史上没有像拿破仑一样参与战争的统治者。对他来说，战争就是政治及巨大的诱惑。

1769年8月15日，拿破仑出生在原意大利合并到法国的科西嘉岛。10岁时进入法国布里埃纳军校接受教育。1784年被选送到法国皇家陆军学校，专攻炮兵。16岁时被授予了炮兵少尉的军衔。他的数学尤其优异，广泛阅读战略战术方面的书籍，他成为了嗜读伟人们传记的青年。

拿破仑20岁时即1789年，法国大革命爆发了。这时已是少校的拿破仑统兵夺取了攻克保王党势力的土伦战役的胜利，因此受到雅各宾派的赏识，于1793年24岁时，被破格升为准将。三年后，1796年3月27岁时，被任命为意大利远征军司令官。

1799年从埃及远征归来的拿破仑发动雾月政变（11月9日）以武力解散了500人议会，成为了法兰西第一共和国执政官，成为法兰西第一帝国的独裁者。这时他才30岁。其后1802年拿破仑修改共和八年宪法为拿破仑宪法，改为终身执政。1804年以35岁年龄举行亘古未有的豪华的加冕仪式，法兰西共和国改为法兰西帝国，拿破仑加冕称帝。他正统的根，不是在前王路易十六世寻找，而是在丕平四世那里找到了。

拿破仑首先展开攻击战略。防御不是他所关心的事情。他一次次胜利的秘诀在于敏捷，是部队移动和活力的再分配。骑兵的攻击等始终强调迅速是拿破仑用兵的第一原则。但军事战略家李德·哈特指出拿破仑决定性胜利的秘诀在于打乱了敌人的心理平衡。这正是军事大师们才能做出来的高度的心理战。拿破仑会诱惑敌人，通过诱惑冲昏了敌人的判断力。

拿破仑·波拿巴统治15年间法国成为光荣的帝国，但百姓的生活苦不堪言。太多的变化和频繁的战争使百姓精疲力竭。尤其1812年拿破仑聚集65万余名的大规模兵力远征俄罗斯，但遭到惨败。当时使拿破仑军队衰败的并不是撤退中的俄罗斯军，而是"冬将军"。当时37万以上的士兵死亡，接近20万兵力被俘虏，活着回来的兵力仅仅8万人。

从俄罗斯远征回来的拿破仑1814年最终被迫退位，监禁在大西洋的厄尔巴岛。由此因1789年革命而退位的波旁王朝重新掌握了政权。但代替拿破仑登上权位的路易十八世不仅狂傲，还是非常无趣的人物。

这个时候1815年2月25日传来拿破仑戏剧性地逃出厄尔巴岛的消息，接着3月20日拿破仑不流血攻占了巴黎。在这期间报道拿破仑动向的《总汇通报》每时每刻变化的怪称非常有趣：

"怪兽，离开洞穴"

"科西嘉岛的吸血鬼，迟缓登陆"

"怒吼的老虎，出现在加普"

"野兽，在格勒诺布尔过夜"

"独裁者，到达里昂"

"篡夺者，距离巴黎60英里的地方被目击"

"皇帝，到达枫丹白露"

"皇帝陛下，昨晚占领杜伊勒里宫"

（从上到下的时间顺序）

这说明言论没有主见，但事实上也能看出快速变化的民心。实际上1815年3月7日拿破仑进入格勒诺布尔的时候，据说格勒诺布尔的住民们砸碎了城门，拆了门板拿过去说"善良的城市格勒诺布尔没有钥匙，给陛下呈上城门"。

那么拿破仑怎样在那么短的时间内重新诱惑民心呢？李德·哈特将军证词是如此"需要权力的瞬间，他不像男人那样下命令，而像女人一样进行诱惑"。

但拿破仑在格勒诺布尔城外碰到路易十八世派去的军队时展现得绝不像女性。他对曾经是自己的士兵们说"你们忘了我吗？诸君当中有想杀死真正皇帝的人，就站出来吧。我在这里"，说着完全打开了自己的斗篷。暂时凝重气氛过后，从四面爆发出"皇帝万岁！"的喊叫声。

逃离厄尔巴岛的拿破仑就这样诱惑了陷入疲倦的巴黎，重新登上王位，但在滑铁卢战争中惨败后，被流放到距离非洲西海岸1815公里的绝海孤岛圣赫勒拿岛并在圣赫勒拿岛孤孤单单地结束了生命。但不管怎样他无疑是个从科西嘉岛飞出来风靡了一个时代的怒吼的雄鹰，把法国革命的风云传播到整个欧洲，诱惑并号令全世界的伟大的诱惑者之一。

约翰·F.肯尼迪

肯尼迪虽然只有46年短暂人生，但在人们心目中永远是以神话人物存在着。做白宫主人只有1037天，但在他死去44年后的今天，还在得到最适合白宫人物的评价。就像政治学者约翰·马克奥德门修（John Maekeodeomseu）所说一样，肯尼迪是美国多数国民与政治信念无关，能够敬重的最后一个总统。

逝世40多年，还吸引人的肯尼迪无穷的力量源于哪里呢？是通常所说的他的外表、财力或华丽的家庭吗？

他的魅力很难用一句话下定义。灿烂的微笑和自然而简洁的形象，冒着核战争的威胁，在外交上取得胜利的雄厚的魄力，尤其能够抓住国民的心，并能撼动的强烈的号召力等，但真正的魅力正是他所具有的"目标"。他的目标就是魅力吗？

是的，领导志向有时成为强烈的魅力。肯尼迪始终说"攻下最高点，如果目标定在第二，就只能达到那里"。目标定在别人想象不了的地点，竭尽全力达到之意。这就是创造肯尼迪神话的肯尼迪的魅力。

谁都没能具体想到登上月球的时代，他促进了人们作为不可能的目标"阿波罗计划"。1961年5月23日肯尼迪通过国政演说肯定地说10年内把人送上月球。这个计划不到10年就成了现实。1969年7月20日，阿波罗11号着陆在月球上。就这样捕捉别人没有看到的地点，以此作为目标的肯尼迪的力量，这是事后每次提及他的时候必谈的魅力。

肯尼迪的爷爷1858年离开故乡爱尔兰，定居在美国马萨诸塞州的波士顿，肯尼迪1917年5月29日出生于美国马萨诸塞州的布鲁克林，百万富翁的父亲约瑟夫·帕特里克·肯尼迪和母亲罗斯·菲茨杰拉德·肯尼迪共生有子女9人，4子5女，肯尼迪是次子。

长大后的肯尼迪从哈佛大学毕业后，第二年的1941年自愿参军，进入海军部队，做一名鱼雷艇艇长。战斗中，他的鱼雷艇被日本驱逐舰撞成两截后沉没，肯尼迪用牙咬着受伤艇员的救生衣带子，游了将近6公里救出部下，这显示出卓越的勇气和领导能力。

1960年美国大选正火热进行的某一天，肯尼迪以退伍军人为对象得到演说的机会。当然退伍军人们都知道在第二次世界大战时肯尼迪作为鱼雷艇艇长做出的勇敢的行动。但肯尼迪一概不提及自己的英雄事迹，只讲了一起乘坐船上的故事。他这样的做法使他成为真正的英雄。这正是肯尼迪特有的魅力及诱惑的技术。突显自己其实就是生手们所做的行为，真正的高手非常清楚，不是突显自己，而是突显同伴才是显示自己的事实。

肯尼迪从部队转业之后的事情是，父亲寄予厚望并想培养成美国总统的他的哥哥小约瑟·肯尼迪不幸牺牲了。这样一来，家人和父亲都将维护家族名声的重任寄托在了他身上。1946年以29岁的年龄当选马萨诸塞州众议院议员。1952年参加了参议院席位的竞选，得票七万多，取得了压倒性的胜利。尽管初选参议院，1956年还是一跃而成为史蒂文森民主党总统候选人的副总统竞选候选人。之后1958年再次当选为马萨诸塞州参议院议员后，1960年立即投入到总统竞选，战胜了尼克松当选美国第35届总统。

肯尼迪执政之前的1952年到1960年，即艾森豪威尔时代是美国历史上最辉煌的时代。对外是最具强大的时期。在这个时期参加竞选总统的肯尼迪认为生活在20世纪50年代的国民需要有个新的目标。他的"新境界政策"的构想也是从这里开始。当时美国社会像柔软的沙发一样舒服，但丧失了方向和目标，1960年选民们在大选中给肯尼迪投票是同意为了找回梦想进行集体冒险的意愿。

他死后6年，发往月球的土星5号运载火箭到达了月球。但肯尼迪1961年就任总统时，已经就等于发射了"新目标"火箭。他在迷人的目标上添加了生动的诱惑的气息，吸引了满足于现状失去方向的国民，这样肯尼迪独特的诱惑在他死后的今天也成为神话流传下来。

爱娃·贝隆

爱娃·贝隆从20世纪30年代末到40年代初在阿根廷广播电视台做电视剧的配音演员。1944年她与阿根廷新军事政府的实权者胡安·贝隆上校坠入爱河。这个消息被阿根廷大众杂志大写特写成美貌演员及配音演员爱娃·贝隆迷惑了走向权力顶峰胡安的内容。

1945年10月初，胡安被夺了所有权力，进了监狱。爱娃·贝隆和工会干部们与布宜诺斯艾利斯地区的劳动者一起组织抗议胡安入狱的大规模示威游行，其结果是8天后的1945年10月17日胡安从监狱得以释放出来。就这样爱娃保住了自己诱惑的对象，这个事件之后与胡安闪电结婚了。当时爱娃26岁，胡安50岁。

1946年2月胡安以56%的支持率当选为总统。这下荣升为总统夫人的爱娃·贝隆，终于尝到了诱惑的果实。但成为总统夫人的她改变得与之前完全不同，不仅再也不穿豪华的衣服，还保持非常严格的简朴生活。在狂热的大众面前，演说的爱娃·贝隆的形象可以说魔幻也不为过。她像抚摸听众一样，手指向空中，低沉而缓慢的声音迷住了人们。爱娃·贝隆不仅诱惑了胡安这个男人，而且诱惑了整个阿根廷。

她说"我是为了看到别人的梦想实现，放弃了我的梦想。我把我的灵魂欣然献给民族的祭坛，献出我的一切，成为引领大家走向幸福未来的桥梁。请踩着我前进吧，向着祖国雄伟的未来"。

爱娃·贝隆的诱惑对于阿根廷或国民来说是"神圣的诱惑"。她接近病魔缠身的贫困的人们，贫民医院的墙和床单，甚至毛巾上都刻有她名字的首字母缩写，贫民地区的某个足球队球衣干脆印上了她的脸，市区建筑上到处都悬挂着她笑得灿烂的巨大的肖像画。这些都是没人指使的，这都是国民纯粹的自发行动。但她在1952年33岁时，不幸因癌症离开了人世。整个阿根廷沉浸在悲痛中，她的死去也成为一个神话。现在的阿根廷永远不能在她的"神圣的诱惑"中摆脱出来了。

爱娃·贝隆是个私生女。她生长在贫民区，15岁那年来到了布宜诺斯艾利斯，经过千辛万苦成了配音演员及演员。24岁时遇到了48岁的胡安。她极力支持胡安竞选总统，虽然并不怎么出色的好色之徒胡安最终被推上了伟大的领导者位置，她开始了真正的"伟大诱惑"。

爱娃·贝隆死去后胡安·贝隆的政权迅速倒台，终于被军事政变赶下台，1955年9月19日流亡巴拉圭。其后流亡到西班牙马德里，在那里娶了第三任妻子。他的第三任妻子是1956年遇见的叫伊萨贝尔·马丁内斯·德·贝隆，是阿根廷出身的舞蹈演员。

在胡安流亡期间，阿根廷发生了难以置信的事情。近数百万支持胡安·贝隆势力的人，自发集结起来左右着阿根廷选举的反常现象，这其实不是因为胡安，而是爱娃·贝隆一直活在民众心里而引起的，简直就是"超越死亡命运的诱惑"。

借爱娃·贝隆这样的力量，1973年6月胡安在国民狂热的欢呼声中再次回到祖国，在那年10月选举中再次当选为总统。到第二年1974年去世为止守住了阿根廷总统的位置。但阿根廷实际的统治者是她的前夫人爱娃·贝隆，依然是她神圣的诱惑统治着阿根廷。

商务是面向顾客的不能停下的诱惑

诱惑如同"为了生存的决斗"。实际上踏上诱惑的旅途，并不是简单的事。为了更明确理解贯穿人类历史的诱惑技术，有必要更深地接近诱惑的情境。但挖得再怎么深，我们决不能摆脱在这里碰到的一个命题，这个诱惑就是彻彻底底为了生存的努力，这个诱惑期望光彩夺目，否则因此失去生命，即诱惑就能存活，不能进一步诱惑就会死去。

今天的诱惑不论在男女之间，还是在工作和事业中都存在着，在市场中也是最具核心的关键。因为所有的商务活动就是面向顾客的诱惑。市场总是需要有魅力的商品。要制造出有魅力的商品，就需要诱惑的要素，这个诱惑的要素应该完整无缺地装着五感和特有的文化，如视觉、听觉、味觉、嗅觉、触觉之五感和文化上的独特等。

在我们面前呈现的市场等于"感觉的帝国"。换句话说在这里能够生存下来，就要敞开五感，重视诱惑的心理学，还要重视诱惑的关系学。

归根结底，为了诱惑最需要，第一，跟着别人做，但要有能够发现自我魅力的能力。第二，要保证有让人不厌烦的新的东西。第三，避免自我疲惫，应该喜欢诱惑。第四，不要拖延，应该尽情享受诱惑的果实。第五，不要停歇下来，应该重新去诱惑。

软实力，培养诱惑的力量

诱惑就像无声的占领军。诱惑慢慢地渗透，绝不打碎对象。但这静静的诱惑最终占领对方的生活，被无可奈何的力量所拴住。这就是"诱惑的力量"，即诱惑是一个软实力，"不坚硬而松软"的力量。韩国咸民福诗人在自己的诗集《松软的力量》这样歌唱的：

> 松软的泥土轻轻地抚摸着脚
>
> 松软的泥土轻轻地指引走向
>
> 松软的力量
>
> 松软的力量

曾任哈佛大学肯尼迪政府学院院长的约瑟夫·奈在他的著作《软实力》中说"所谓软实力比强制或补偿更吸引人心，即以诱惑的力量获取希望得到的东西。这种实力从一个国家的文化或这个国家追求的政治目标、各种政策等魅力中体现出来"。

前美国下议院议长纽特·金瑞奇曾说过"真正重要的关键不是我清除多少敌人，而是站在我的立场上协助我的人增加了多少"，即"能清除多少敌人"是硬实力领域的问题。但真正的力量在于"站在我立场的协助者多少"的软实力上。

美国通过伊拉克战争显示了硬实力，但在软实力方面付出了惨痛的代价。即用力量打败竞争对手，不如拉拢很多人成为自己的人，才是生存的秘诀。

软实力就是诱惑的力量，诱惑的力量正是魅力。诱惑的力量，即魅力就是竞争力，就是国力的时代。不论国内政治方面，还是国内外市场方面，软实力的重要性一直凸显出来。不仅如此，男女关系、企业问题、政治问题，甚至学校在招募学生的过程中诱惑战略越来越成为生存必需的要素。现在诱惑在市场上成了最强有力的关键。因为有了魅力才能推销出去。创造有魅力的企业、充满魅力的国家，现在就是关系生存的问题了。

因此给我们赋予的课题是对于"唯我独特的魅力是什么？我的软实力是什么？我的松软力量是什么？"冥思苦想的问题。

企业对市场，商品对顾客，学校对学生，国家对国民都应该在对方不厌烦的情况下，进行不断地诱惑。

第七章

风度，打开心窗的钥匙

在某些人的期待中，
展现自己的存在。

风度是显示对方期待的自我
进行规范化的行动方式。

风度的力量

美国哥伦比亚大学MBA课程中，曾跟优秀企业CEO们提问过："成功过程中给予你最大影响的重要因素是什么？"回答让人吃惊，93%的回答者认为不是能力、机会、运气，而是风度。

写了《风度的历史：论文明》的诺贝特·埃利亚斯，在纳粹时期逃亡到英国安度余生的德国出身的社会学者，微观地接近宏观的历史，细致地分析发挥卓越才能的学者。他的著作在生前没有得到关注，直到20世纪末微观史成为新的关注点后才得到广泛的认可。

到现在为止大多数人通常提及历史，就像"哪个年代发生的某件事"一样只记得粗略的事件，往往忽略了制造某个事件而有过微细的变化。但诺贝特·埃利亚斯重视了历史的细节。他晚年出刊的《宫廷社会》，他以此评教授的论文，是在1930年社会学者卡尔·曼海姆手下得到博士学位后写出的著作。（在德国发表博士论文，写出教授资格论文后，方能成为教授）这本书以路易十四世时代的法国为中心，分析宫廷细微的东西，揭示了接近权力的核心动因、权利的实质性动向。

埃利亚斯在1970年出版了以两集组成的《文明化过程》，得到了给优秀历史学者和社会学者授予的阿多诺奖。他的《文明化过程》第一部就是《风度的历史》。在这里他所说的风度，看起来可能渺小，但追随行为方式接近了文明化过程的具体性。

原则明确，就能变柔和

"风度"一词出自拉丁文由 "manuarius" 衍生出来的，"manus" 和 "arius" 形成一个复合词。Manus是英语的 "hand" 表示手，"arius" 表示使用方式或方法。因此风度就是手的方法，用手做的方式，换句话说非常具体的行为方式。

理解风度之前，首先要知道如下词汇，礼节（礼仪）（etiquette）、礼貌（courtesy）、外交礼节（protocol）。

Etiquette是指礼仪、礼节，合伙人之间的不成文的规定之意，这个由来有两个说法。一是凡尔赛宫周围打了桩子禁止外人不得出入的说法。另外一个是出入凡尔赛宫应该遵守的注意事项和礼节的便签传出来的说法。就这样etiquette开始是单纯指"禁止出入""限制出入"的单词，后来指宫中各种礼法的词，在路易十三世的王妃奥地利安娜的建议下开始发展，到了17世纪路易十四世时代具备了完整的规格。后来拿破仑时期法定成为国内正式仪典形式。现在所说的etiquette就是这样的宫中etiquette简化之后普及的形态。

Protocol（外交礼节）是外交上的礼宾、礼仪、典礼之类的词。就像在国家之间的外交上protocol占一半说法一样，protocol对企业也具有重要的意义。实际上protocol好的企业，形象也好。想成为高级管理人员，就应该善于protocol。例如应该知道进哪个位置，哪个位置应该空出，哪个位置是上席。成为CEO，就像勺子盛汤喝一样，应该能够很自然地进行protocol。给人以习以为常般自然的protocol，才能在谈判桌上心平气和地征服对方。

那么礼节和风度有什么不同呢？

简单说礼节是行动准则，风度是把这个准则以行动表现出来的方法，比如应该给老人让座的规则是礼节，让座的行为是风度。

有这样一件事情。英国女王伊丽莎白的晚宴上招待了中国高官。但没吃过西餐的中国高官们以为洗手碗装着的水是饮用水，就喝掉了，即不符合礼节。但伊丽莎白女王怕他们惊慌也一起喝掉了。如果对方正在喝，她却用那水洗手，对方又不能吐掉，多尴尬呢？

礼节和风度的差异正是在这样的地方表现出来。伊丽莎白女王虽然有违礼节，但表现出非常高的风度。这样原则明确，柔和也就可以做到。

风度是打开心窗的钥匙

人们始终在关系中生存，从一出生就进入相互依赖的环节中，在沟通中有非常重要的象征性相互作用论。在乔治·赫伯特·米德1934年写的《心灵、自我和社会》一书中，就能找到象征性相互作用论的说明。其内容简略如下。

假如A和B的人互相进行沟通，I看作那个人的本质，或同一性、认同性，那么A的I和B的I就按原样相对的可能性几乎没有。

人们面对面进行沟通，但不是跟原来的我（I）进行沟通，给对方"呈现和期待的我（me）"相见而进行沟通。

那么是什么相见、用什么来互相沟通、给对方呈现什么？就是自我"me"。换句话可以说与"对方期待的你"进行互相沟通。

夫妻为什么吵架？是不是期待配偶某些东西，但等到的是不及期待的东西呢？协商决裂也是如此，相应程度让步了，认为对方也会相应地让步，但因杳无音讯或提出无理要求引起协商破裂。

因此对方所期待的我，我的形象对方满足时，才有可能处好关系，沟通顺利。人们重视风度的理由并不仅仅是我的I和对方的I相对的缘故，倒是我的me（自我）和对方的me（自我）相对的缘故。得到某些人的期待，给人呈现自己是人们存在的理由。因此风度是规范给对方呈现所期待的我的行动方式。

风度是打开心窗的钥匙，因此风度给人共鸣、信任和感动。法国把风度定义为"能够把生活经营得美丽而成功的方法"也是这个原因。就像无数成功的CEO们把成功的秘诀归于风度一样，风度不仅能够唤起共鸣、信赖、感动，还能营造美丽的人生。风度又是关怀。对于在关系中存在的人来说，风度是"对关系的感受性"。将心比心才是风度最基本的东西。

但文明化过程中出现的风度本身的表现与关怀相差甚远，真是天大的讽刺。这个风度不仅不关照对方，不让他人进入自己某一领域的区别的装置，即划分装置，即风度本身就是权力。在文明化过程中，风度被少数人垄断，这个风度普及后丧失了本身的价值，认为不带来区别和差别的风度就不是风度的缘故。风度里不仅包含"关怀"的常理，历史上还包含了与常识一样"区别或差别"之意，有必要明确认知这一点，也是上述原因。

文化与文明，风度的出现

最初文化源于"耕地"之意的拉丁语"礼拜（cultus）""文化（cultura）"。自从罗马的哲学家西塞罗写了"文化观念（cultura animi）"的表现后，从物质语言转变成精神语言，具有了"教养"或"文化"之意。

这个"文化"的概念被19世纪德国学者们发展到叫作"文化知识（kultur wissenschaft）"的文化科学，即自然科学或工程学对应学问的领域。在英国和法国重心没有放在精神层面的"文化"，而更多用于重心放在物质层面的"文明"概念上。阿诺德·汤因比的文明史研究就是一个例子。"文明"一词来源于"市民"之意的拉丁语"酒店（civis）"而来，罗马市民是单纯的平民，但与野蛮族区分的一种赋予资格的意思。结果文明成了与半文明、野蛮的概念相对称的反义词。

"文明"一词广泛使用是在18世纪后期,文明具有"讲究大方"之意。这个时候的标准就是宫廷礼节。结果"文明化"是接受宫廷礼节,练就有教养的,讲究大方之意。由此文明化的人被理解为郑重而讲究大方,体现宫廷社会诚实理想型的人。结果瞄准"市民为人"的"平民"概念,根据是否知道宫廷礼节发展至区分"文明"概念。进而这个"文明"概念使宫廷社会认为,比他们单纯和原始或野蛮方式生活的人们更高尚,最后进化为郑重和宫廷礼节的概念。诺伯特·伊里亚思把文明化过程作为风度历史拿来追寻,也是这个理由。

但文明化过程既是风度成熟的过程,同时在另一方面也是本能冲动的压抑过程。西方人的风度是从12世纪到19世纪逐步发展过来的。这也是从行动外向、暴力控制转变为内向、性情控制的过程,即分散的物理性暴力手段集中到国王和宫廷里,再也没必要用暴力控制其他人时,风度以新的控制方式出现了。

经过中世纪到文艺复兴期的欧洲,就像托马斯·霍布斯所说的一样,"万人对万人的斗争"的时代。众所周知12至15世纪的欧洲是血的战场。国家间的战争很多,不必说为了名誉的个人间的决斗,就连玫瑰战争一样的家族对家族的战争也很频繁。英国的兰开斯特王朝和约克王朝从1455年开始争夺王位长达30多年的自相残杀,历史上也是广为人知的。

为了平息这样消耗性的战争,有人把暴力机制集中起来管理是很有必要的。即欧洲出现国王专制权力在"管理暴力"方面是不可避免的事情,这样君主专制的机制中崭新出场的正是风度。风度是在这样权力的形成过程中萌发出来的。

风度的变迁史

风度的变迁过程分为三个阶段。

第一阶段：中世纪封建宫廷礼节阶段

这个时期是宫廷领主和骑士相互依赖关系形成的封建宫廷礼节统治着封建大领主宫廷的阶段。这个阶段是权力分化的时期，因此，暴力手段，即控制手段分散，于是对本能冲动的制裁也比后代弱。区分好风度和坏风度的标准也是比后代单纯而朴素。因此这个时代只存在朋友和敌人、狂热和厌恶、好人和坏人的区分。

第二阶段：17 世纪绝对主义和贵族的宫廷礼节阶段

这个时期是在国王、贵族和资产阶级之间的依赖关系形成了绝对主义宫廷礼节的阶段。路易十四世时代的凡尔赛宫是文明化的温床、风度的学校，同时也是风度的样板。这个阶段王权强化，形成中央集权，实现了国王的暴力垄断化，一直在地域称王称霸的封建贵族隶属于国王，经济上遭遇困难。相反商业发展中出现的新型资本家虽然没有名誉，但明显比他们富裕。

这时贵族们的生存，与绝对统治者国王的关系由多亲密来决定。结果封建贵族们发展自我独特的细致的情感和讲究的行动方式，与新型资本家区别开来，努力提高与国王之间的亲密度，把这以宫廷礼节的名目法制化了，即贵族们不希望资本家与国王直接联系。因为如果直接联系了，他们自己的立场就会缩小。这个时候的风度是封建贵族们为了提高与国王的亲密度而努力的结果。即17世纪的绝对宫廷礼节阶段是风度更加成熟的鼎盛期，又是区别化的鼎盛期。

第三阶段：18—19世纪资本家的礼节阶段

绝对宫廷礼节的一部分传播到资本家那里，文明化也就到了波及国民的时代。这就是说风度国民化、民族化了。从这个时候开始风度定义为人们期待别人行为方式的总称。但风度依然含有资本家与其他阶级区分的毒性。

归根结底引领风度的历史、文明化过程的力量是保存权力之差，为了维持此差异而进行不断地努力。维持自己的身份秩序，想与其他阶层差别化的战略使风度更加讲究化，即文明化过程的真正动机。

风度也跟着时代在变

11世纪拜占庭的公主嫁到当时在欧洲海上活动最强盛的威尼斯公国。在全欧洲人只用手抓饭吃的时期，公主用像三叉一样的叉子用餐。这是威尼斯人万分惊愕的事件，甚至宗教领袖们也说"怎么不用手抓饭吃，用三叉吃饭？这是恶魔的手，要下诅咒"。

就是这么奇异的叉子放到全欧洲人餐桌上经历了500年以上的时间。叉子从意大利传到法国，再传到英国和德国。把叉子文化从意大利引进法国的亨利三世（1551—1589），用叉子吃东西从碟子拿到嘴就掉一半，使用叉子很笨。当时只有国王才能使用个人叉子，上流社会大部分也只是使用公用叉子盛食物。

在欧洲开始出现有关礼仪礼节方面的书是12世纪左右。有趣的是19世纪初出版的所有有关礼仪礼节方面的书都以德西德里乌斯·伊拉斯谟在1530年写的《论儿童的文雅教育》作为基础。"伊拉斯谟说面包不应该啃着吃，应该切了吃，但现在应该绝对地啃着吃"或"根据伊拉斯谟《论儿童文雅教育》，所有食品要用右手招待……"这种方式。

关键是风度也随时代变化。伊拉斯谟的《论儿童文雅教育》是为了呈献给君主子弟们写的儿童教育用礼节书，作为西方风度的古典，这本书是当时有关社会生活的汇编，直到18世纪为止发行了130多版，其后还出现了英语版、法语版、德语版、捷克语版等许许多多翻译版和模仿及后续版本。

领先于此的中世纪风度，能够了解到的文献可以举13世纪左右唐怀瑟（歌剧）的《宫廷风度》。《宫廷风度》的内容如下：

·用汤匙时不要出声。

·吃剩的面包不要装在大家一起用的餐具里。

· 不能用餐桌布擦鼻子。

· 用餐时不要大声喧哗。

· 不要嘴里含着东西喝酒。

· 喝饮料前要擦嘴。

· 不要用刀抠牙。

· 不要松腰带。

· 饭前洗手。

不仅如此，伊拉斯谟的《论儿童文雅教育》融进了文艺复兴时期的风度。

· 酒杯和擦干净的刀应该放在右侧，面包应该放在左侧。

· 不要倒腾食物，吃自己面前的食物。

· 不要用手指挥汤羹。

· 归还匙的时候，要用餐巾纸擦了之后还。

· 面包不要啃着吃，要切着吃。

· 面包或肉应该文雅地只用三个手指吃。

· 骨头和肉的剩餐不要扔地上。

· 吃饭中确有必要的时候，才能说话。

· 不要列举餐饮的材料费。

· 所有的餐饮用右手招待。

·从小教会怎样切好肉的方法。（当时整个肉都拿到餐桌上切。把肉切了分下去是主人特别光荣的事情）

再看Antoine de Courtin的《论新礼节（*Nouveau Traite de Civilite*）》（1672）可以知道绝对主义时代的风度。"从前如果不是吃剩的面包，就可以面包直接蘸上果酱也无妨，但现在是无礼的事情。从前只要有窍门，就可以将嚼过的食品从嘴里拿出来扔地上也无妨，但现在不允许了。"

再看La sale《基督教礼法和礼节的准则》（1729），记载吃饭时应该使用纸巾、盘子、刀叉、勺。吃饭时如果其中少了一个东西，就不合礼节。不用说用纸巾擦嘴和牙，更失礼节的是用纸巾擦鼻子的事情。始终用叉吃肉才是庄重，标记着荤菜禁止用手摸。总而言之，标准的饮食风度落脚欧洲是在18世纪法国革命之际。

那个时候对生理性动作擤鼻涕的行为怎么看的？13世纪Bonvicino da Riva通过《宫廷礼节准则50》中说擤鼻涕或咳嗽时，避免溅到餐桌上，应转过身去。伊拉斯谟说用手擤鼻涕时如果掉在地上，应该立即用脚蹭掉。Giovanni della Casa的《礼节全书》（1609）上说擤鼻涕后用手绢擦后不能打开看。La sale说用手擤鼻涕甩地后，不能用衣服擦手指。还有擤鼻涕时始终要用帽子挡住脸后使用手绢，当然不要出声音。

放屁也一样。伊拉斯谟时代没必要忍着放屁。伊拉斯谟认为"不可避免的时候不要害怕放屁"。但La Sale时代无条件忍着放屁，不管长辈还是晚辈谁都不能随处放屁。他在《基督教礼法和礼节准则》中写了"不管是长辈还是晚辈，与其他人在一起时放屁是非常无礼的事情"。

12世纪左右修道僧们在一个房间里光着身子一起睡觉，也不是羞耻的事情。偶然来旅馆里的陌生男人光着身子睡在一张床上也是比比皆是。反而不脱光，却被认为身体上有什么缺陷，试图想遮盖，受到误解。

之后很长一段时间，也能经常看到城市狭窄胡同里裸体或半裸体的男女们跑向公共澡堂的景象。即到16世纪在路上看到裸体是很平常的事情。之后睡觉时穿上睡衣，刀叉和手绢，也是相近的时期才出现。睡衣也与刀叉和手绢一同成了一个文明化的手段。

查看伊拉斯谟《论儿童文雅教育》，跟同僚在一张床上睡觉时不要辗转的内容，这是因为给对方带来不便，还有脱衣服或睡铺上起来时行动要小心。还有一定要藏起来的，本能地藏起来的地方，不要让人看到的内容。但La Sale时代这也是禁忌。La Sale写了别人在场的地方不能脱衣服，不能一起睡。未婚的人不能跟异性睡在一起的内容。但这在1774年的修正版上有了一点修改：

"让异性睡在一个房间是陋习，但极度贫困的情况下可以饶恕。迫不得已与同性共用一张床时，应该保持严格而警惕的肃静。"

风度的空间地理学，差异的理解

风度不仅仅需要背诵就能形成，应该了解文化。在前面理解了文明化过程中风度的历史，现在查看一下风度的"空间地理学"。风度随着时间的流逝和历史而变迁，空间上也以另外的形式存在，即理解地域间的差异，就是风度的空间地理学。比如说翻看在其他文化圈里成功的人士们，他们较多是尊重、共鸣其他文化，并精通其他文化的风度。

很多西方学者讽刺地认为，印度人过着贫困生活的原因是对母牛的崇拜。印度人不把母牛使用在经济活动、生产活动，而是始终侍奉，为了养活母牛，人都饿死。但以印度教作为宗教的国家，在印度想要生存下来，不得不习惯人们对于母牛崇拜的这种风度。

犹太人和穆斯林们远离猪肉的理由，追究起来其实很单纯。《圣经》里的《创世纪》和《利未记》里说吃猪肉是不敬的，因为有绝不能把猪肉用于祭品的耶和华的话在里面。这就是犹太人或穆斯林远离猪肉的理由，不能以理论说明，这是宗教领导者耶和华说的话，就应该遵照。

医学上证明了19世纪生吃猪肉得了旋毛虫病而死的事例比较多的事实，《圣经》的故事也有可能与此有关。不管怎样，他们避开猪肉卫生方面的问题之前，应该认知和接受一个文化，是在文明化过程中形成的他们独特的风度这一事实。

伊斯兰是彻底的右手文化。用餐时、送礼物时、招待时等遇上好事，用右手。解大小便、擦鞋、擤鼻涕等时用左手。他们认为左手不敬。他们进厕所时也先迈进左脚。在伊斯兰这等于是风度。

风度是实力

看看史学者李德茂写的有关书生小礼节的书《士小节》。李德茂说"礼节就像是阻挡忧患的城墙"，《士小节》的执笔动机里曾引用了《五经》的一小节"不矜细行，终累大德"。李德茂写这本书不是为了教别人，而是为了反省自己。

李德茂《士小节》的礼节，基本要素为内四端、外九容、暨五品。内四端是仁义礼智，即恻隐之心，仁；羞恶之心，义；谦让之心，礼；是非之心，智，是一种"原则"，暨五品具体策略讲的是父子有亲、君臣有义、夫妇有别、长幼有序、朋友有信等人与人关系的方面。外九容是说九项端正的举止，原朝鲜时代在书堂里《千字文》之后教给孩子们的必修教材《启蒙篇》的末尾出现的内容，也是这样的。

第一，足容重。脚要沉稳，是为人处世不要轻浮，要稳重之意。韩国性澈大师说的不要随便到处晃悠之意也包括在这里。

第二，手容恭。手要恭顺，是指手不要乱动之意。假如发生性骚扰等事件也是手不恭顺所致。收受贿赂也是不该伸手的地方伸手所发生的事情。

第三，目容端。眼睛要端正，要具有健康的眼光之意。清澈而端正的眼光有看透世界的力量，成为净化世界的源泉。

第四，口容止。不要随便乱说话，就像鱼张错了嘴被诱饵钩住一样，人随便乱说会自找灾祸。

第五，声容静。说话时要沉着冷静，说话时不要兴奋。

第六，气容肃。呼吸要匀称，气运一向要端正。

第七，头容直。头要抬直，头抬直是光明磊落的表现。

第八，色容庄。脸色要亮而朝气蓬勃，过了四十岁对自己的脸要负责任。

为了成为世界级领导，要始终学习风度的多样性。其他文化也应该尊重，才可以融通对方的文化，具有灵活性。同时，对其他文化要给予宽容，要自发参与，要欣然接纳和肯定。最后世界级的领导要对对方文化具备礼仪。即使单纯外语好，也不一定成为全球化领导。正确理解其他文化，行动要适合那个文化，像当地人一样接受那个文化，才能算是全球化领导。

但从风度所带来的错误看，遵守风度，不能陷入一种墨守成规里。风度始终应该新鲜。从意大利语风格主义"maniera"派生出来的墨守成规是习惯性地重复一定的技巧或形式，失去独创性，陷入惰性；是指现今只保持现状的倾向或姿态，即习惯性地蹈袭技巧的手法、形式，想要迅速处理消极的态度、手法、样式等。

真正的风度不以某种法则或形式而动摇，用全身心熟练关系的感受性才有可能形成。对于人来说是人格、对于公司是规格、对于一个国家所谓的国格一样，风度也有风格的东西。铭记学习风度，只有风度具备的时候，才能成为感性领导。21世纪风度即实力。

简单的风度常识

洗手碗的风度

洗手碗的用途是洗手指尖的，因此请勿将整个手泡在里面。再有不是两只手同时洗，应该一个一个换着洗。不仅如此吃葡萄或杏等用手拿着吃的水果大部分手上粘上果汁，在这个情况下不用揩嘴布擦，而是用洗手碗洗。粘上果汁的揩嘴布不容易洗掉。再有这个洗手碗不仅吃水果的时候端出来，油炸的培根或洋蓟、羊排、牡蛎、龙虾菜等用手吃的食品也同时端上来。

揩嘴布的风度

揩嘴布铺在腿上是为了防止食物掉了弄脏到衣服。另外插嘴或洗手碗洗手后擦干时也可以使用。用揩嘴布擦嘴时不要使劲擦，而应轻轻地按。有的女性用揩嘴布擦口红，这是有失礼节的行为。再有不小心打翻了水，也不能用揩嘴布乱擦，要招呼服务员处理。再有用餐后起来时，揩嘴布不是放在椅子上，而是放在桌子上，大概折起来。折叠太完美，会错认为没有使用过。

刀叉的风度

刀和叉以中央的盘子为中心各自放在右侧和左侧。拿的方法同放的一样，刀用右手、叉用左手拿。叉和刀不是各一个，而是根据套餐不同而不同。大概各放三个以内，从外侧依次使用。用刀切食物的时候，面包排除在外，但土司要切着吃。

第八章

战争，先得人心

他们拥有最高的人文学背景，因此战争上的胜利

在于「人」的道理，很早就悟懂了。

战争也是一种经营

战争也是一种经营。在管理人、对变化立即做出反应，向目标前进，追求胜利方面经营。因此市场也可以说是战场。战争也是人在进行，取得胜利也在于人。即想要在战争中取胜，应该探究人，这在市场上也是一样的。

不仅如此，战争是一个时代的文化方式。因此时代在变，战争的方式也在变，在这里要取得胜利，应该能够对应其变化。不管是战争还是经营最终目标是胜利。时代再怎么变，战争方式再怎么变，其目标是胜利的事实是不会变的，因为失败的一方要付出生命。

在这个观点上看，把战争说成最高的人文学主题也毫不逊色。因为这里包含了仅次于长篇叙事诗的无数的人间悲喜剧的特点。只要是经营者，无论是谁都在倾听战争中取得胜利一方的故事，也是这个理由。

通过第二次世界大战荣升为英雄的有四位将军。五星上将乔治·卡特利特·马歇尔、道格拉斯·麦克阿瑟、德怀特·戴维·艾森豪威尔，还有四星上将乔治·巴顿。他们的星加起来共19个，因此到了今天人们还叫他们"十九颗星星"。

乔治·卡特利特·马歇尔和道格拉斯·麦克阿瑟是1880年出生，是同龄人。乔治·巴顿比他们小5岁，比德怀特·戴维·艾森豪威尔小10岁。看授军衔的时间，没出自西点军校，弗吉尼亚州立士官出身的乔治·卡特利特·马歇尔为1901年最早取得。麦克阿瑟在1903年，乔治·巴顿在1909年，德怀特·戴维·艾森豪威尔在1915年授军衔。但以星军衔标志准将晋升时期看，麦克阿瑟最快，长期看又有不同。乔治·马歇尔做过国务长官，1953年得到诺贝尔和平奖，德怀特·戴维·艾森豪威尔成了总统。称为最高野战司令官的巴顿，战争一结束，便因交通事故去世。麦克阿瑟50多年留在了军队。

经得起升迁缓慢的乔治·马歇尔

历任美陆军参谋长和国务长官的乔治·马歇尔是第二次世界大战之后拟定和主导西欧复兴经济计划的人物，这个功劳得到广泛认可，被授予了诺贝尔和平奖。

按我们的方式讲，也就是第三类士官学校弗吉尼亚州立士官学校出身，在1939年西点军校出身为主流的军队中，第二位非西点军校出身的人升为总参谋长。弗吉尼亚州立士官学校因训练强度高而闻名，1897年跟他一起入学的100名学生中1901年按时毕业的也就34人。乔治·马歇尔不仅熬过了那艰难的训练，反而实力日益增进，一年级时在100名中名次排第35名，但毕业时进了第5名。

即使这样优秀的成绩，在部队中升迁却很慢。从少尉升到中尉需要5年的时间，35岁时仍停留在中尉的位置。他灰心丧气之余想要离开部队，但于美国第一次世界大战参战很晚的情况下决心继续留下来。然后才做新手大尉的他碰到了战时的特殊情况，整整一年后升到中校。直到"将军星章"准将为止，又等待了漫长的18年。

1936年他终于晋升为准将。马歇尔从弗吉尼亚州立士官学校毕业两年后，西点军校毕业的麦克阿瑟在1918年已经成为准将，1920年任过西点军校校长一职，1930年荣登陆军总参谋长的位置，跟麦克阿瑟比起，比较晚、晋升也太迟。其实马歇尔的晋升相对缓慢，是因为他不是所谓的"野战通"。他总想去野战战场，但他的上司们想把他留在身边。

在这里值得关注的是，参军35年戴上星的他晋升为将军后，仅3年就成为陆军总参谋长的事实。当时乔治·马歇尔是准将，即一个星，但他挤下20位少将和4名中将，被提拔为总参谋长一职。

选择能够取得胜利的人

1936年成为准将的乔治·马歇尔，未戴上星级军衔前的1927年到1932年在班宁堡步兵学校担任副校长一职。在那里马歇尔培养的军人在第二次世界大战和朝鲜战争时期，被选为美陆军最精锐部队的指挥官，陆军元帅奥马·N.布雷德利、一军司令官奥马尔·布莱德林、陆军总参谋长罗特柯林斯（Lawton

Collins）、"二战"中在中国战场做出重大贡献的司令官约瑟夫·史迪威、朝鲜战争联合国军司令官马修·邦克·李奇微等。乔治·马歇尔待人有三个原则：

第一，让对方光荣。

第二，安排工作，给予信任，等待及给予关怀。

第三，如果是正直的失误，不要吝啬宽容。

他私自下命令，班宁堡步兵学校的每个讲堂命名为吉格斯大厅、克里斯大厅等名字。吉格斯、克里斯是盖此大厅时作为木匠的副士官们的名字。这只是一个很小的事例。其他的部下看到他这样对待手下的长官，能够无限发挥他们的潜力很是钦佩。

1930年中期，马歇尔任伊利诺伊州防卫军首席教官，那个年代州防卫军组织政治倾向很浓。选择军官，左右政治家的喜好，组织本身也在州政府控制下。马歇尔在这期间学到了政治，幸亏有这段时间学到的知识，后来在华盛顿工作时，就恰当地运用到了。

1939年，乔治·马歇尔超越前辈20位少将和4位准将，直接晋升为大将，成为总参谋长。这对于马歇尔来说，没有野战司令官经验，是伦纳德·伍德之后第二位非西点军校出身的总参谋长，在这一点上算是破格的人事晋升。但他有充分的资格。

提升乔治·马歇尔为总参谋长的人就是富兰克林·罗斯福总统。总结包括鲍科斯科纳的预备役将军们的各种意见，毫不犹豫地任命马歇尔为陆军总参谋长。第一次世界大战之后管理巴拿马运河的美20步兵旅长鲍科斯科纳将军说："预计今后四个半世纪内会有另一场大战争，我们避不开另一场大战争，如果我们要投入到那场战争就要组成联合军。那个时候的指挥官应该要克服狭窄的民族独立心，这个联合军不能用强制性合作，而要自发性协助。我认为能够适合做出这个事情的人正是乔治·马歇尔。"事实上马歇尔毫无疑问不仅是能够得到国内的协助，而且是连国外的自发协助也能拉动的人物。但马歇尔成为陆军总参谋长，取得第二次世界大战胜利后，如此谦虚地说"我只不过选择了能够胜利的人们"。

他选择的人是布莱德、艾森豪威尔、克拉克等名将，他们被马歇尔选拔后立下了赫赫战功。当时马歇尔选拔布莱德晋升为准将后，任命他为班宁堡步兵学校校长；艾森豪威尔从准将晋升为少将，派往欧洲战线，终于成长为联合军总司令官的五星将军；克拉克中尉晋升为准将，第二次世界大战接近尾声时，培养成四星将军。

其实没有马歇尔就没有艾森豪威尔。马歇尔高度评价艾森豪威尔的正直和无私的执行任务能力，晋升为少将后，派往欧洲地区任司令官，指挥北非战线。终于艾森豪威尔任欧洲驻联合国军司令官一职后，向罗斯福总统强烈要求晋升艾森豪威尔为大将并成功了。观察马歇尔对艾森豪威尔的关怀，就知道给予对方的关怀就是他作为领导的首要条件。

有句"人事为万事之根本"的话。乔治·马歇尔虽然说了"只是选择了能够胜利的人"，但这才是我们能做的全部。

马歇尔不在华盛顿，我就不能睡安稳觉

第二次世界大战时，在欧洲选拔指挥霸王行动（诺曼底登陆战役）的最高司令官，就花费了整整两年的时间。起初斯大林和丘吉尔指定最佳人选为马歇尔。不管谁看，马歇尔都是罗斯福能够选择的最佳人选。但1943年12月罗斯福的最终决定是艾森豪威尔。这是为什么？

如果那是马歇尔仅一次想做最高司令官一职，那么历史要重写了。但马歇尔直到最后也没透露自己的想法。就像当时任国防长官的亨利·刘易斯·史汀生所说，"马歇尔肯定有指挥欧洲战线的欲望，因为历史始终只记得最高司令官"。

但他表明了决定最高司令官的唯一人物是总统，不管下怎样的决定，都在自己的岗位上全心全意工作的信念。再加上如果他当上最高司令官，自己原来负责的总参谋长一职应该让给艾森豪威尔。

马歇尔要当最高司令官的消息传到华盛顿政界，议会军事委员们举双手反对，都担心马歇尔离开出现的空白。这事件如实地说明他们是多么依赖马歇尔，第一次世界大战美国海外派遣指挥官潘兴将军给罗斯福写了信说"派出马歇尔是军队政策战略上犯的重大及根本错误的行动"，极力反对派遣马歇尔为

最高司令官。阿诺德将军、里哈一将军，海军舰队司令等华盛顿的军队高层人士也是一致强调马歇尔留在华盛顿，甚至海军舰队司令反问总统："华盛顿将形成胜利踏板的和谐氛围，为什么想要打破呢？"

最终罗斯福自己也说，"马歇尔不在华盛顿，我不能睡上安稳觉"，还是把马歇尔放在总参谋长位置，任命艾森豪威尔为欧洲地区联合军最高司令官，指挥诺曼底登陆战等战役。

◢◣ 真正的领导力才是胜利之根本

分析一下把第二次世界大战引向胜利的功臣乔治·马歇尔的魅力和领导力吧。

中队长时期马歇尔把部队队员的名字记得滚瓜烂熟。如果是领导，不仅参谋的名字，就连部下的名字都应该记住。不记住一起工作的人姓名，是对事情本身都分心的证据。乔治·马歇尔在战争期间不仅对指挥官，而且连他们的家属都不吝啬细心的关怀。

他是一位不但听取部下的意见，就连部下没有说出来的话也能听得出来的上司。不会听，就不能当领导。他能给下属温暖的指点，不是一概批评，而是想跟部下一起探索更好的路子。

加上他比任何人都有强大的耐心，从不一喜一悲，能够保持平常心。不仅如此他从不表露自己的名誉和地位、权力所赋予的权位。尽管如此，他拥有任何人都不敢冒犯的威严，这不是骄傲，而是谦虚的基础。

1940年乔治·马歇尔曾在美下议院军事委员会说过这样的话"在战场上指挥部队，需要有比一般人难以想到的耐心和坚强。部下们陷入挨饿、疲乏，加上绝望不安和危险时，具有肯定的领导力和坚强体力的人，才能够激励他们的士气"。

他对班宁堡干部预备生一期毕业生们说了这样的话"请记住真正伟大的指挥官应该克服所有难关。战斗仅仅是应该克服的困难的连续。装备不足、粮食不足等这个不足那个不足的话只不过就等于窘迫的辩解。任何逆境中取得胜利，突显自己能力的人，才是真正的领导"。

乔治·马歇尔正是实现这个领导力的人。

最艰难时准备未来

朝鲜战争果断进行仁川登陆战略时，当时道格拉斯·麦克阿瑟的年龄是多少？足有70岁。在前面也提到过，他是50多年从军的老将中的老将。

麦克阿瑟的父亲阿瑟·麦克阿瑟是人们难以想象的年轻的19岁时已经成为上校，在南北战争和美西战争中声名大震。1862—1865年的南北战争时以年龄最小历任团长之后编入上校，再晋升少尉，1898年在美西战争时作为准将在马尼拉战斗中立下大功。战争结束后任菲律宾驻军司令官同时成为菲律宾军政一把手。这么伟大的父亲一接到1899年道格拉斯·麦克阿瑟西点军校录取通知时，与儿子同样高兴。

让人吃惊的是道格拉斯·麦克阿瑟从5岁就开始准备进西点军校。从小生活在部队院里，怎么看都是命中注定的。

西点军校时期，他的口试答辩简直是像完整的作品一样完美，他的存在压倒整个教室。麦克阿瑟的成绩超群，这个记录数十年后也没有被打破。一年级时在134名当中排第一名，二年级时104名中排第一名，三年级时97名中排第四名，1903年6月毕业时还是捧到了首位的荣誉。还有他是西点军校最高军衔团长的学生。首席毕业的荣誉兼团长学生的人在西点军校历史上只有3位。其中一人就是麦克阿瑟。

麦克阿瑟的名字前始终跟着"最好、最高、唯一"的修饰语。他以前所未有的好成绩毕业于西点军校，第一次世界大战时成为最年少的准将、最年少陆军士官学校校长、最年少五星将军、最年少总参谋长。再加上他是最初成为别的国家元帅的唯一的军人。他始终为了成为最好而努力，因此才能始终站在最前面。

麦克阿瑟被任命为总参谋长的1930年是经济大萧条之后，生存本身就是战争的时期。但他不顾很多人的谴责，在这艰难的时期为了战时做了准备，促进陆军现代化。他建立了六个野战军随时动员体制，为美国所有产业体系在非常时期能够转换为军需生产体系，做好了铺垫。

1939年第二次世界大战爆发后，美国在1941年12月遭受了珍珠港炮击。太平洋战争的时候，他沉着地把国内产业转换成军需体制，在极短的时间内能够动员数量巨大的军人，这多亏麦克阿瑟有先见之明的准备。他在最艰难、最危险的时候、所有人认为不能爆发战争的时候，准备了未来。他是历史上毫无疑问能够数得上的卓越的未来预测和准备的领导。

养成面对失败的勇气

1937年退役的麦克阿瑟，到了1941年太平洋战争爆发就以太平洋地区最高司令官复职。但日本的大规模珍珠港空袭和接连不断地车轮战，让安置在太平洋地区最高司令部的菲律宾巴坦群岛处在了不得不放弃的境地。

但他这样坦白地说"菲律宾是控制整个太平洋地区的钥匙，我不能容忍丢失这把钥匙。能否死守这个地区关系到整个世界的未来，我绝不能失败"。

但华盛顿强调从长远战略角度看巴坦群岛的撤离是不可避免的，因此逼迫麦克阿瑟。结果麦克阿瑟不得不放弃巴坦的司令部而撤离，他感到耻辱。但这反而使他更坚强了。麦克阿瑟永不忘记当时惨败的情景，在自己的司令部和专用飞机上贴上了"巴坦"的名字。睁开眼，睡觉时都想收复巴坦。结果终于收回了巴坦群岛，颠覆了太平洋战争。最终掌握巴坦群岛时麦克阿瑟比主力部队还前进15英里。参谋们警告他四面八方都可能有狙击手，稍不小心心脏就会被打出窟窿，但他反而这样回答他们："再怎么痛，不可能比过去三年心脏更痛吧！"然后跑到巴坦救出的士兵们身边说"我答应你们重新回来，但来晚了"。

我们有时也经历失败和挫折，也经历耻辱的瞬间。但请铭记，领导力就是推翻耻辱，敢于面对失败的力量。

麦克阿瑟经常带头去前线，亲自坐B-17重型轰炸机与伞兵部队一起飞向敌军，冒着狙击手的射击，踏上登陆舰前往前沿阵地的岛上。每当这个时候，他都鼓励士兵们"只有不怕死的人，才能有生存的权利"。

同时始终要坚守自己的准备，强调说"想坚守繁荣和富有、自主和自豪的所有国家，应该始终做好坚守自己的准备"。

他正视了引起战争爆发正是"无防备的富饶"。

他是让部下们感受到"我正在执行重要的事情"的领导。他只参与战争的整个导向，剩下具体的战术委任给部下们；他只保持对全面战略上的洞察力，其余的不会过多干涉；他就这样瞅准战争的导向，才抓住了最佳机会。

具备自我独特的风格

麦克阿瑟没有像艾森豪威尔那样让人开心的微笑或本领，也不像巴顿华丽。但人们直到现在以军神纪念着他。在他身上有让人们尊奉为英雄的奇妙的魅力。他帅气威风，有惊人的让人关注的技巧，同时像隐居者一样生活。

他把自己这样的风格用在领导上。从初级军官时期开始修补军服，成功塑造自己独特的形象等区别于他人。尤其在第一次世界大战时期，组织了多个州出身的军人组成的又称"彩虹"的师团，作为参谋长出战，头盔和腰上别的武器也脱掉，穿梭在枪林弹雨的法国战场上。有人问麦克阿瑟为什么做这样危险的行动，他是这样回答："戴上头盔可能安全，但作为领导毁了形象，还有腰上没有别武器是因为我的任务不是亲自打仗，而是在战场上鼓励并指挥人们战斗。"

其实没有他独特的形象，士兵们根本不知道麦克阿瑟来过战场。但头盔、武器也没有携带的某个人出现，士兵们马上就认出麦克阿瑟，并为之欢呼。他独特的形象起了作用。

不仅如此，在第二次世界大战时，麦克阿瑟嘴叼玉米芯烟斗、身着卡其布军服、头戴一顶战斗软帽、眼戴一副AO深色墨镜，形象神气活现、傲气十足。因此我们一提及"麦克阿瑟"，就想起这个形象。没过多久这个形象成为太平洋战争引向胜利的麦克阿瑟的标志。单纯的形象，但发挥了不敢冒犯的魅力。

根据《为成功而打扮》的作家约翰·莫雷的话，包括着装的形象，对成功产生重大的影响。莫雷主张"具备适合自我的造型，更能有效地发挥领导能力"。他说CEO也一样，必须打造自我独特的形象，即麦克阿瑟清一色的军服也突显了自我独特的形象，在50余年的军旅生涯中绽放了自我的特色，进一步形象化，更加增添了领导的力量。

同时麦克阿瑟是位卓越的演说家。他并不经常演说，但只要一张嘴总是得到欢呼。第二次世界大战时他哀悼牺牲的战士们说的话，即"我不知道他的出身如何，但了解他的牺牲是非常光荣的事实"。这句话很长时间成为脍炙人口的名言，铭刻在人们的脑海里。

他因为全神贯注自己说的话，时常陷入到自我冥想中。但此举反而以真心打动观众。当然他华丽的表现力是超越自我冥想的认真阅读的结果。尤其古典和军事领域的阅读对他有了很大的帮助。

他的能力和品格，以及有勇气的态度，让人们作为一个传奇记在心里。"老兵永不死，只是渐凋零"，从这句名言能够感受到，麦克阿瑟可谓是20世纪最卓越的军人。

1964年4月5日，麦克阿瑟因肝和肾脏的疾病去世，享年84岁。赫伯特·胡佛、杜鲁门、艾森豪威尔等前任总统发表了哀悼词，英军元帅伯纳德·蒙哥马利、夏尔·安德烈·约瑟夫·马里·戴高乐、蒋介石等也表示吊唁。当时国务卿罗伯特·麦克纳马拉的吊唁，把这位卓越的军人用如下的一句话浓缩为"在有品格和勇气的领导里，可作为当代传说，留在后世的伟大将军"。

感动的士兵能战胜敌人

成功实施诺曼底登陆战略的艾森豪威尔做了六年麦克阿瑟的参谋，从麦克阿瑟那里传承到了决策的方法和实行过程，晋升准将四年后的1944年成为五星将军。

艾森豪威尔虽然在西点军校不是以很好的成绩毕业，但在莱文沃思指挥参谋大学毕业时却占了首席的位置。莱文沃思指挥参谋大学集中操作作战命令和战争课题的过程。艾森豪威尔在1922年管理巴拿马运河地区20军步兵团的福克斯·康纳少将手下做参谋，三年来每天收集作战资料，使他在这个领域很精通。1919年在班宁堡步兵装甲车学校与年长自己5岁的乔治·史密斯·巴顿交往深厚。那时候也是一有空就一起分析战争课题。因此，艾森豪威尔没修班宁堡步兵学校的高等军事班，直接上了莱文沃思指挥参谋大学并以首席毕业。这个过程奠定了他进入1941年华盛顿的战争规划部，终于能够成为欧洲联合军最高司令官的班底。

进入战争规划部的艾森豪威尔在1941年6月，给当时陆军总参谋长的马歇尔提出了"欧洲战略作战指挥官指南"为题目的报告书。看到这个报告书后马歇尔认为执行这个战略的人就是提出报告书的当事人艾森豪威尔，一周后把他作为欧洲地区作战司令官派出去了。乔治·马歇尔在艾森豪威尔身上发现，他是有军人、行政家、调整者、外交官的形象集于一身的优点。结果艾森豪威尔

1941年晋升为准将，1943年为四星将军，1944年成为五星将军。

在当时内定欧洲地区联合军最高司令的人不是艾森豪威尔，而是英国陆军元帅蒙哥马利将军。但1943年美国方面投入了压倒性兵力和物资，罗斯福会见丘吉尔后把联合军司令官位置争取到了美国方面。其结果1943年12月艾森豪威尔登上了联合军司令官的位置。但英国军抗议在看起来没有真正战斗经验的美军将军手下一起战斗。

加上美国和英国在战略方面无法避免冲突。英国军因战后政治上的理由想把军事力量集中到地中海地区的北非等地，相反美军想立即攻克欧洲，把时间和兵力、物资损失降到最小并取得胜利。

在这个情况下，艾森豪威尔既满足了英美联合军双方复杂多端的利害关系，又积极合作，结果成功实施动员了200万大军的诺曼底登陆战略，即复杂的利害关系能够简单解决，达到双方满意的水平。他是位高度均衡感觉的战略奇才。

不仅如此，艾森豪威尔还具有磁铁一样的魅力。就像他的小名艾克"艾克微笑"一样，他笑容迷人，以天生的幽默感和亲密感在很短的时间内与人们结下深厚的感情。他能听取对方的话，也能关注对方的话中之意。他能够让利害关系复杂的多国军队之间建立稳固的合作体系，也是因为他有这样的品德，百般阻挠艾森豪威尔的英国蒙哥马利将军也曾这样评价他"他是最高司令官及政治家。任何人也不能像艾森豪威尔一样团结联合军，漂亮地执行战略。无数的纷争和妨碍因素能够把一起乘坐的船沉没，在这样的因素之中，没有人能像他那样抓住平衡"。

领导是保持平衡的人。艾森豪威尔温暖的微笑、信念、充满自信的态度和小心谨慎、正直的性格，镇定了英国人冷静怀疑的眼光。

战场上最重要的是士气。面临全面进攻欧洲前夕的1944年2月到6月，他访问了26个师团和24个飞机场、5个舰队，还有无数的补给所和医院等。艾森豪威尔通过访问部队和与士兵们自然接触，让士兵们认为每一个人是"部队支柱的自豪感"。同时艾森豪威尔通过"大家就是在这个战争中胜利的人们"的话，带给士兵们重要的使命感，为提高军队士气做出了贡献。

他从没迟到过部队检阅时间，也没让士兵们等待过他，还有用士兵的语言跟士兵谈话，了解士兵们的问题，士兵们也深深感受到了这些。在这个过程中艾森豪威尔与士兵们之间自然而然地开始出现"相互信赖的效果"。

企业也是同样的。没有员工的感动，就没有客户的感动。想在市场上取得胜利，首先应该感动自己所带领的员工。艾森豪威尔激励并握住士兵手的瞬间，他们成为一体，以信赖紧密地团结在一起了，还有了"我是部队的支柱"的自豪感，得到了全力以赴战斗的力量。

不仅如此，艾森豪威尔处理媒体的技术也是非常卓越的。曾任过哥伦比亚广播电视台副总又做了他的副官的布策（Buddhab）海军上校回顾说，"艾森豪威尔是我见到的人中，最敏锐地处理媒体的人"。现代战中指挥官应该既有实际性的功绩，又应该关注大众眼里这个功绩应该怎样反映。无视大众意见，就断定误解终究因胜利而遗忘是愚蠢的事情。

艾森豪威尔以感动自己身边的人为原则。1942年12月艾森豪威尔和副指挥官克莱克将军，为了从阿尔及利亚转机到直布罗陀，去往飞机场的路上，艾森豪威尔因时间紧迫，没有时间回答蜂拥而至的随军记者们的提问。他只说了"我只能拿出时间专注一件事情"之后，从口袋里拿出军衔星章给旁边的克莱克将军戴上了，然后说："我等了很久，给你戴上第三颗星的这个瞬间，不久的将来还想给你戴上第四颗星。"

艾森豪威尔的原则，问题简单化

艾森豪威尔真正的武器并不是迷人的微笑，也不是卓越的均衡感觉。他最大的武器正是能够把复杂的问题简单明了地解决的能力。

有句话叫"艾森豪威尔原则"，纷繁复杂的混沌状态简单地整理整顿的方法。艾森豪威尔的原则简单整理如下：

首先，另外准备的空桌上面或空地分成四等份，然后四等份的空间各自做记号，1号空间是扔掉的事情；2号空间是指示别人去做的事情；3号空间是要联系的事情；4号空间安排立即亲自处理的事情。这样桌子上面随着事情处理的进程，越来越变得干净。这是艾森豪威尔原则的施行结果。

领导的指示不能明确地传递到下属，就会陷入混乱，即要办好事情，应该形成核心的明确沟通。还有比这更为重要的是立即处理的事情不要拖延，要立即处理。

艾森豪威尔的桌子总是那么清洁。因为他知道没用的东西就应该扔掉。桌子堆得很高，精神状态也会堆得很高。是选手，就能把复杂变成简单，尤其领导应该把自己的生活简单化。这就是艾森豪威尔领导力的精髓。

1944年6月6日进行的诺曼底登陆战役是人类历史上规模最为宏大而最复杂的战役。不仅是陆海空的立体和复杂的后勤支援战略，地形和潮水、气候等的变化也要缜密地进行思考。但艾森豪威尔漂亮地、成功地取得了这个战役的胜利。如果没有复杂的事情变简单整理的艾森豪威尔的原则，1944年6月6日的诺曼底登陆（D-Day）也许永远都不会来。艾森豪威尔，是一遇到危机时能够把复杂变成简单的达人。

1945年5月欧洲战争一结束，艾森豪威尔的参谋们苦思将怎样告知全世界战争结束的信息。阅了从下面报上来的信息案的艾森豪威尔摇了摇头，把这些案件推向一边，亲自拿起笔写了这样的话"联合军的任务在1945年5月7日当地时间2时41分结束了"。

这是关于历史上最具破坏力的战争的最短的胜利消息及简单化达人艾森豪威尔式的战争结束公告。

他这样的能力，在他当选为总统之后也如数发挥。美国普林斯顿大学伍德罗·威尔逊学院的指导学者即总统学的权威弗雷德·I.格林斯坦在《总统风格》里曾提到过艾森豪威尔卓越的"情绪集中力"。情绪集中力在艾森豪威尔原则上就能看出来，来自再复杂的情况也能变成简单化是他独特的能力。简单化能力和情绪集中力之间存在密切的关系。

艾森豪威尔8年总统任职期间，忠实地坚持自己的"艾森豪威尔原则"。复杂纷繁的事情没有一个人包揽，在关心领域该扔掉的事情果断扔掉、交给参谋或得到他们的协助事情、自己立即处理的事情、其他的联络和仲裁业务明确地区分处理。美国白宫幕僚长制和国家安全顾问制也是在艾森豪威尔时期设立的。直到现在人们还记着，他是最有利地运用参谋组织的"不愧为总统的总统"。

弗雷德·I.格林斯坦教授曾说过"总统需要沟通能力、组织能力、政治能力、洞察力、认知能力、感性能力等，但其中缺乏了感性能力，其他所有能力就变得无所谓了"。感性能力是把其他所有能力统一在一起发挥最佳效果不可缺少的要素。根据弗雷德·I.格林斯坦的话，感性能力的基础就是情绪集中力。

在头脑和周边满是杂乱无章的状况下，事实上期待情绪集中是很困难的。尤其这个时代，稍不留意就容易陷入复杂的状况里挣扎。这个时候通过情绪集中力，增加感性能力，从全体美国人那里听到"我喜欢艾克"的充满真情的称呼，同时最具总统资格而受尊敬的艾森豪威尔，是我们一定要去关注的人物。

热情的领导，小乔治·史密斯·巴顿

　　小乔治·史密斯·巴顿的家族世代都是军人。曾祖父是美国独立战争时期陆军准将，在特伦特战斗中战死；爷爷是弗吉尼亚州立士官学校出身，南北战争时期是南北同盟军上校，在温彻斯特战斗中战死；父亲也是弗吉尼亚州立士官学校出身。结果乔治·巴顿没能进从小梦想的西点军校，而进了弗吉尼亚州立士官学校。一年后破格进了西点军校。

　　巴顿在西点军校执着地攻读参谋学院，没有去攻读指挥学院。因为他的父亲也是弗吉尼亚州立士官学校参谋学院的学生。参谋学院学生在方阵中喊各种口号，指挥学院学生轻声下命令，用大声通知整个部队。最终他成为参谋学院学生，方阵中成为大家关注的明星。他在无数的方阵中展示了华丽的阵形动作，像威风凛凛的公鸡一样，气昂昂地向前进。军人般威风凛凛的巴顿，可以说是当时参谋学院学生的榜样也不为过。

　　1909年授军衔后，他选择了骑兵队，1914年年初参与墨西哥作战。1914年第一次世界大战在欧洲爆发，但美国政府直到1917年4月6日才对德宣战。他就是大战快结束时参与了战争。

　　第一次世界大战是第一次投入战机和坦克的战争。美国也重视作为新式武器的坦克，立即投入坦克的制作。巴顿是组成坦克军团的实务负责人，但第一次世界大战结束，坦克军团的组成就名存实亡了。第二次世界大战爆发后，美军在北非执行火炬行动（北非登陆战役），巴顿再次指挥坦克部队。

1943年夏天，乔治·巴顿在北非进攻西西里，终于在1944年6月以第一方阵参加了史上最壮观的战役诺曼底登陆战役，立下赫赫战功。还有他率领的第三军军团在最前沿像疾风怒吼一样进攻法国，对终结第二次世界大战起到了决定性的作用。

巴顿一生能够淋漓尽致发挥自己能力的时间并不长。也许为了第二次世界大战中美国胜利，准备了那么长的岁月。顾名思义，他一生就是火焰一样的一生。

巴顿严格训练部下，战斗时找不出像他这样可信的指挥官。他是德军最丧胆的将军。他有时粗暴，但每次访问野战医院的时候热泪盈眶。他爱惜部下，始终关心士兵们是否吃好、穿暖、充分休息。

同时巴顿滚瓜烂熟地通达了最新军事理论和历史教训，不仅对于坦克方面的专业知识，对水陆两用战也有深厚知识。他从不优柔寡断，能直截了当地表达自己的意见，鼓舞士兵士气。作为领导，他所具备的最高资质是带给士兵热情的能力。巴顿是一位自己本身热情奔放，同时把这种热情不停地传播的领导。

他把自己的热情，在战场上通过决定性的演说有效地传递。"一整天坐在椅子上会静脉曲张，衣角起皱的将领是没必要的。""即使用手和膝盖爬，也要达到目标。""一品脱的汗，救一加仑的血。""拼命前进，用最快的速度和战斗力进攻。"

这所有的话出自巴顿的嘴里，不，是在他的心里涌现出来的。甚至时时用粗暴的言语像连珠炮一样吐出，看不惯他的人说他是没有品位的将军，往上部建议解除职位。但巴顿说指挥战场，所用语言也要适合那个氛围，固执地坚持自己的风格。

乔治·巴顿的七项领导力

第二次世界大战时，最高野战司令官的乔治·巴顿的领导力，分七项观察如下。

1. 投入热情

巴顿作为最伟大领导的资质是能够让士兵自我唤起热情的能力。他激励士兵的热情，使不可能的事情变成可能。实际上他不管在哪个部队，都能在一周之内调动最高的士气，因此巴顿率领的第三军和第七军在世界大战当时成为最勇猛的部队。

2. 与士兵们滚打在一起

巴顿是现场为中心的领导。他说，"坐在办公室养肚皮的参谋，根本不想留在身边，马上去战场用眼睛实际确认真正的问题是什么"。他与士兵们一起搬运供给物质，爬到坦克下面，身上沾满油污修理发生故障，是以身作则的上司。因此士兵们甚至称他为"螺丝刀巴顿"，即驾驶员巴顿。

3. 不断地给予信任

乔治·巴顿乘坐内部鲜红色的吉普。车辆前面贴了巨大的星，后尾由50毫米的机关炮装饰。加上他的钢盔始终闪闪发光，在很远的地方就能认出巴顿。实际上500米前方，在1公里的前方也很显眼。到处有狙击手的战场这等于是自杀行为，但他自信坦荡，给惴惴不安的士兵带来信任。因此巴顿华丽的吉普车通过眼前的时候，士兵们激动并给他热烈地鼓掌和欢呼。这就是巴顿冒着生命危险也想得到的东西。他想得到士兵们对指挥官热烈的信任。

4. 爱惜士兵

乔治·巴顿说："到前沿看看吧。没有在那里流血战斗的人们，战略战术有何用处？爱惜的不是弹药，而是军人。喂得好照顾好的士兵，才能取得战争的胜利，才能在高地插上旗帜。"乔治·巴顿认为塑造一位军人至少需要18年以上，制作弹药只用几个月、几天的时间。因此要爱惜士兵。

5. 立即奖赏

巴顿对于奖赏有时干脆简化了行政程序。对于受重伤的士兵几乎是在战斗现场或医院的病床上立即授予勋章。因此巴顿的副官不知道什么时候用勋章，就始终带在身上。

6. 毫不手软的进攻

巴顿不喜欢听到"死守我的位置"之类的传话。"我们不能停下来，应该进军。汽油断了，即使偷了也要进军，不要害怕敌人在后尾上。他们只是败兵而已。不要为了挖战壕而出力"，就这样他不注重防御。一旦出战他的格言就是进军，甚至说"让我负责防御，干脆撤我的职"。

7. 收拾并擦得闪闪发光

当时士兵们戴的钢盔和现在的不同，非常沉重。因此士兵们平时主要戴上轻毡帽，但巴顿命令这样的士兵平时戴上钢盔、绑腿，甚至戴上领带战斗。不管是士官学校还是后备军官训练队第一个强调的就是节制和纪律，还有为了自豪，自我进行发光的事情。为什么擦皮鞋？为什么戴上干净的帽子？为什么擦军衔？为什么衣服有棱角？理由就是一个。整顿自己，才能充满自信心。自我肯定、自我尊重是领导的基础和起点。具备自信心的人，在所有的事情上都能够竭尽全力。

指挥北非装甲车帅团的巴顿在西西里登陆战役和诺曼底登陆战役，还有欧洲本土巴斯通战斗中立了赫赫战功，是指挥美国陆军第三集团军和第七集团军最辉煌的猛将中的猛将。但可惜的是战争结束后1945年12月因交通事故逝世。就好像神说"战争结束了，现在你没必要在这个世上了"一样，一下子就把他带走了。

巴顿逝世已经过去60余年了。但他向往胜利的热情还留在我们心里，让我们惊醒"果断，果断，始终果断。到了战场并不是输赢，而是赢或死。因此应该果断。"

伟大将军的 10 项条件

战场上的领导力，不管是领导还是部下都要求自我牺牲。即让成员们为了组织的目标觉悟自我牺牲，才是最优秀的领导力。

西点军校把学生培养成不仅仅为了取得胜利，而是为了在战争的危险中爱惜国民的价值，能够欣然献出生命的士兵。这个价值就是义务、名誉、祖国。所有学生正是把这义务、名誉、祖国一生铭刻在心里。

马歇尔、麦克阿瑟、艾森豪威尔、巴顿等作为领导的共同资质整理如下：

1.人格

乔治·华盛顿直到最后胜利为止，在无数的战斗中败下来了，也没有失去士兵们的信赖。李奇微将军也是败得更多的指挥官，但说起领导力的时候都会提及他。为什么？因为他们都是品格优秀的人。马歇尔、麦克阿瑟、艾森豪威尔、巴顿等人在地球上发生过的最大的战争中作为指挥官或作为总参谋长发挥了绝顶的领导能力。他们的领导能力正是依靠他们自身的品格为基础的。

"领导能力就是诚实高贵的品格。领导力是把错误的所有责任由自己承担，做好的所有功劳转送给部下。"（艾森豪威尔将军）

189

"敢于面对炮火的将军；不傲慢明智，能够守住自我良心，有勇气的将军；不认为自己知道所有答案的人，听取别人的经验和想法的人，才能够在他们身上发现品格。没具备品格的将军什么都做不了，不能受到部下们任何爱戴和尊敬。"（沃德·迈尔将军）

2. 决策力

军队的决策是生死攸关的事情。艾森豪威尔指挥的诺曼底登陆战略事实上是经过非常艰难的斟酌后下的决策。从哪里登陆，怎样登陆，时间定在上午、下午、半夜还是凌晨？最佳气象条件时间？更何况他要统率纷繁复杂的200万人组成的联合军，即士兵们的生死大权掌握在艾森豪威尔的一个决策上。自古能够下这样决策的领导应该是不带着私心下命令的人，加上了"私"就有灭亡的征兆。

3. 乐观

麦克阿瑟的参谋关于麦克阿瑟说了这样的话"他是在任何时候也不表现悲观态度的最优秀的司令官"。艾森豪威尔说过"我是个不能医治的乐观派"。是啊，只有乐观的人，才能领导未来。

4. 准备

第一、第二次世界大战都参战过的马歇尔、麦克阿瑟、艾森豪威尔、巴顿在第一次世界大战后的20年期间做了什么？答案很简单。他们在做"准备"。他们各自在班宁堡步兵学校，莱文沃思指挥参谋大学，陆军大学等地方不断地进行研究和训练。他们在第二次世界大战还留在部队，对于当时美国和联合军来说是件莫大的幸运。

5. 勇气

老将在火焰中更加发挥其勇气。巴顿说"不要被自我恐惧妥协"。就这样练就再也没有退路的恶劣的环境中更加有活力前进的勇气，这也是领导必须具备的品德。

6. 运气

有一天拿破仑的参谋们建议拿破仑"有一位优秀的将领，晋升他如何？"，拿破仑回答道："他有多优秀我并不关心，但他是有运气的好人吗？"我们做某件事情的时候，都希望跟有运气的人一起共事。在这里提及已故李炳哲会长的话"人要是只具备一个能力，绝对不能成功，应该有运气。机会好，遇见好人。但比这更重要的是等待运气的一种迟钝和能够等待走好运的韧劲，即根性"。在前面提及的四位将军有这样的"运、钝、根"。也许运气是给有钝性的人，带着韧劲，以根性挺住的人们所赋予的"又一个实力"吧。

7. 最高志向

最优秀的少尉、最优秀的中尉、最优秀的将军等在所有层面都想成为最好的心态，履行自己的职责。只有梦想成为最好，才能成为最好。"最好的少尉、最好的中尉、最好的将军……我想在所有层次做最好的心态上阵的"。

（考特尼·希克斯·霍奇斯）

开始学飞行的时候，我决定成为"最优秀的飞行员"。（卡尔·安德鲁·斯帕茨将军）

8. 信赖

每一瞬间都面临死亡的战场上的信赖，没有它就没有生存，意味着对于崇高的存在和依赖。马歇尔、麦克阿瑟、艾森豪威尔、巴顿都相信神的存在。经受战争的他们，神就像一个建筑的基础一样根本而必需的存在。就这样为了成功的领导力，需要精神上的支柱。

9. 爱

真正的领导应该爱自己的部下，反过来得到他们的爱。对于经济上困难的士兵家族马歇尔都能去关心，吉格斯、克里斯为改建旧讲堂做出了贡献时，把那个讲堂光荣地以他们（只不过是下士）的名字命名。麦克阿瑟对部下的爱可谓传奇，艾森豪威尔也不亚于他们。表面上粗暴的巴顿实际上也是感情丰富、细心周到的将军。

10. 象征

他们各自有自己独特的象征和风格。乔治·马歇尔是正统派。他坚持穿原装，勋章和旗章也都系上。不仅如此，麦克阿瑟不抽烟时始终叼着玉米芯烟斗。他主要穿带衣领的衬衫，别上元帅军衔的帽子，绝妙的有棱角的帽子。艾森豪威尔喜欢穿到腰的短夹克。艾森豪威尔的微笑是无须说明的独特的标志。乔治·巴顿始终穿着到脚踝的闪闪发光的骑兵队军靴，还有别上有珍珠装饰的特异的手枪，身边带着骑马用的鞭子，始终戴上擦得干净的钢盔。他们不是为了单纯帅气，领导应该要有自我独特的象征和风格。

马歇尔、麦克阿瑟、艾森豪威尔、巴顿给领导的四个信息

1. 要读书

马歇尔、麦克阿瑟、巴顿、艾森豪威尔他们都是习惯读书的人。马歇尔从小开始在父亲的书斋里如饥似渴地读书，这个习惯延续到弗吉尼亚州立士官学校时期，也能够埋头读军事领域的书籍。麦克阿瑟藏有7000本以上的书，麦克阿瑟到43岁为止一直是单身，晚上的时间全部用在读书里。巴顿也不亚于他们，巴顿一有空就钻进亚历山大、拿破仑、西庇阿、奥利弗·克伦威尔、罗伯特·李、尤里西斯·辛普森·格兰特等伟大将军的传记里。不仅如此，艾森豪威尔读了关于战壕战的所有的书。即他们拥有最高的人文学背景，因此很早就懂得了取得战争的胜利，关键在于"人"的道理。即他们以可怕的热爱读书的习惯，展现了想要胜利的人不是研究战争本身，而且应该研究在战争里的"人们"的道理。因此应该读书，读书了才能得到力量。

2. 树立军纪从我做起

士兵们没有军纪绝不行动。军队的生命在于军纪也不为过。但领导本身要

树立军纪，才能让身边的人看着学。巴顿说过，"不能保持严厉和强化军纪的领导，和把战争引向失败的潜在的杀手没什么两样"。

3. 时间掌握在自己手里

一年按日算是365天，按时间算足有8760小时。战争是与时间的战斗。有句"战场上能够多挺住15分钟的一方胜利"的话。大家都珍惜时间生活，为了胜利更应该珍惜。也许不是敌人，而是跟时间争斗打赢，才能成为真正的胜利者。因此领导必须成为"精通时间"。第三军进攻德国前，巴顿毫不犹豫地把士兵们推向河里说"缩短时间就意味着救出数百个生命。……现在立即实行横渡。必要的装备在哪里怎样取得，但无论如何要取。偷或乞讨，不行就制作。我打算趁多老一天之前，渡过莱茵河"。

4. 果断攻击

随时随地应该果断。因为战争不是"输赢"的问题，而是"赢和死"问题。因此，要不停地为了掌握主动权而努力。放弃一次的主动权很难找回来。一再强调果断也是为此。巴顿说："不要忘了掌握主动权的人是我们，不要犹豫，毫不留情地迅速猛烈攻击，应该继续掌握主动权。我们饿了疲乏了，但不要忘了敌人更饿更疲乏，继续猛攻，我们会胜利的。"

第九章
冒险，失败面前不要低头

欧内斯特·沙克尔顿留下来的真正意义是：
他从死亡的线上活着回来
但还要再次向那个死亡门槛挑战的精神。

死也要挑战

英国BBC广播台曾评选过，过去1000年间10位最伟大的探险家。第一位是发现美洲大陆的哥伦布；第二位是首次登陆澳洲东岸和夏威夷群岛而闻名的人称"库克船长"的詹姆斯·库克；第三位是第一个登上月球的尼尔·阿姆斯特朗；第四位是写了《亚洲见闻录》的马可·波罗；第五位是前面提到过，比起这四位生疏，但南极探险史上绝不缺少的欧内斯特·沙克尔顿。

欧内斯特·沙克尔顿共有三次探险南极，第一次探险是在1901年，罗尔德·亚蒙森的有力竞争者罗伯特·斯科特上校的麾下。第二次是1907年独自组织了探险队到达磁南极（南极海岸），即到达了距离南极点156公里的地方。这是当时最高的世界纪录，结束这个探险后回来便被授予子爵爵位。他在1914年第三次再探险南极。从1914年12月到1916年8月，近635天奋力求生。

但沙克尔顿留在这个世上的真正意义就在于他最后的探险。戏剧一样生还的他在第三次南极探险5年过后的1921年9月17日，再一次向南极出发了。但1922年1月5日，他经过布宜诺斯艾利斯到达格鲁吉亚岛后，突如其来死亡了。在这里重要的是，他从死亡线上回来，但再次向死亡的极限挑战的精神。他最后到死为止才停止挑战。

生者和死者的差异

很多人一提及"南极探险",立即想起的不是沙克尔顿,而是罗尔德·亚蒙森和斯科特上校。亚蒙森的目标原来是北极线点。但1909年,美国的罗伯特·皮里最初北极探险成功后,他苦思冥想后改目标为南极线点。但碰巧英国的斯科特上校也在同一个时期想做同样的事情,两个队几乎在同一个时期到达了南极大陆。这是1911年12月的事情。

但先到达南极的是亚蒙森的探险队。斯科特的探险队到达南极点的时候那里已经飘扬着挪威国旗了。亚蒙森96日后回到了出发地,但斯科特上校和他的一行将近9个月没有音讯,失踪了。1912年11月在被雪埋的帐篷里发现了斯科特的日记和尸首。验尸结果死亡原因是败血病,但陷他们于死亡绝境的不是别的,真正原因其实是"绝望"。

斯科特在自己的日记里提及了与亚蒙森的竞争。败给亚蒙森的理由是拉雪橇的马全部死亡和恶劣的天气。但在相似的条件下亚蒙森先到达了南极,还活着回来了。几乎同时出发,但一个人征服了南极,96天后活着回来了,但另一个人将近9个多月消失在暴风雪中,最终被发现的是冰冷的尸首。那么在这里生者和死者间的差异在哪里呢?

第一,同样恶劣的条件下怎样开展彻底的现场战略。亚蒙森和他的探险队虽然形象不怎么样，但选择了爱斯基摩人穿的动物毛皮防寒服。这样的衣服不考究，但轻而保暖。相反斯科特和他的一行穿了考究的欧洲式防寒服。但这样的衣服不能忍受零下40度以下的南极酷寒。当时英国言论讥讽，穿了爱斯基摩服装的亚蒙森一行像野蛮人，但与穿得考究而死的科斯特相比，是更加明智的选择。

第二，根据情况怎样灵活地应对。亚蒙森一行是挪威人，因此平常有滑雪的经验。因此他们能够节省体力迅速行动。相反斯科特一行步行，因此体力很快见底，行动速度也渐渐变慢了。

亚蒙森以拉雪橇的手段选择了爱斯基摩人喜欢用的个人"哈士奇"（狗），相反斯科特选择了正统满洲产矮腿马。结果截然不同。北极冰冻驯出来的哈士奇同样耐住南极的寒冷，但满洲产矮脚马没过几天就都冻死了。结果斯科特一行亲自要拉雪橇了，再加上根本不想把死马当食粮。相反亚蒙森一开始就打算将疲乏、变弱的狗依次用于食粮，因此食粮的重量缩减到极限而出发的。因此行军速度也很快。

第三，是否把不确定性因素最小化。两个队都在两三个地方储存了粮食。但亚蒙森一行不仅储藏了粮食，在此处的四周插上了确定方向的旗。相反斯科特一行只在粮食存放处插上了旗。理所当然亚蒙森全部找到了三处的粮食储藏处，并派上用场，相反斯科特上校三处中连一个都没找到。他们最终缺少蔬菜等纤维，才得了败血病死亡，根本的原因是没有找到粮食储藏处。

第四，选择"轻量化，缩减化战略"。亚蒙森一行为了减轻达到78公斤的雪橇的重量想尽了办法。终于减少到当初计划的三分之一，即26公斤。但斯科特一行沉重的雪橇，原封不动带了过去，结果亲自拉这个雪橇，最终筋疲力尽。

就这样亚蒙森通过彻底当地化战略、灵活的现实主义路线、不确定因素最小化、轻量化和缩减化战略等，在世纪的竞争中完胜了。这与从传统和规矩里不能自由的斯科特相反，是从熟悉开始变得自由的亚蒙森灵活性思路和灵活应对现实取得的结果。

但毋庸置疑斯科特也是伟大的探险家。他在自己最后的日记里这样写道："我们将像绅士一样死去，展现坚贞不屈的精神和忍耐力。这短短的几句话和我们的尸首会证明……很可惜再往下就写不下去了。"

就是这一段斯科特死后也成为英国的英雄，但并不能恢复名誉扫地的大英帝国的自尊心。沙克尔顿再次站出来，决定横断南极探险也是为了恢复祖国的自尊。南极探险对他个人而言，是付出一切也值得精彩的挑战。

沙克尔顿伟大的挑战

1913年11月沙克尔顿发布了一条招聘启事："招聘人手参与极危险的旅程，赴南极探险。薪酬微薄，需在极度酷寒、危机四伏且数月不见天日的地段工作。不保证安全返航，如若成功唯一可获得的仅有荣誉。"

沙克尔顿的预想路径是从南乔治亚岛出发，经过威德尔海，登陆南极大陆后，徒步走2400公里，经过南极点，从对面的海岸罗斯海脱离出来。按预定每天至少要走24公里。参考亚蒙森时最多一天走26公里，最少行动距离是5公里，事实上从一开始就是盲目的计划。有个人提出了这一点，但英国皇家协会的又一个会员这样回答的："认为盲目吗？因此沙克尔顿才去的。"

没有想到的是，短短几天内，报名者包括三名女性竟达5000人之多。经过严格挑选后，最后确定包括沙克尔顿和偷渡者总共28人。当然船员占的比例最多，其后是生物学、地质学、物理学、生化学等专业的剑桥大学的讲师们、约克郡的渔夫、医生、摄影师、雕刻家等从事各种领域的人。有趣的是，乍看起来像乌合之众的他们却在南极戏剧性地支撑了630多天的事实。

这真是一个奇迹。也许是各种类型的人聚集的团队，才能够生存下来的吧。都是同一种方式思考的人们聚在一起的话，不能处理随时随地出现的紧迫的问题，有可能就自取灭亡了。从结果看探险队这样复杂的组成是非常明智的选择。

危机潜伏自满的空隙

沙克尔顿在当时寻找能够与挪威探险家弗里乔夫·南森的"弗拉姆号"相媲美的船只，结果找到了废弃两年多的"北极星号"并收购，按照家族格言

"我们靠坚毅而成功"命名这只船为"坚毅号"。坚毅号是原来"北极星"之意的北极星号改过来的。

1912年12月17日下水的"坚毅号"是建造过南极和北极捕猎北极熊船和捕鲸船的挪威极地专业造船所建造的杰作，有三个风帆，同时有350马力的蒸汽马达，因此速度可以达到每小时18.9公里。这只船除了南森和亚蒙森乘坐过的"弗拉姆号"，也许在挪威、在全世界都是最坚固的木质船。还有这只船，长只有44米，作为捕鱼船可能小，但用80厘米厚的挪威橡树和枞树制作，重300吨，是世界上最坚固的木质船只。但危机始终扑向认为最坚固的船只，因为在那里没有自满的空隙。

1914年8月1日，"坚毅号"升起了起航的风帆。但碰巧出航日几乎同一时间爆发了第一次世界大战，"坚毅号"还没等离开英国近海之前，3日后的8月4日颁布了总动员令。

沙克尔顿和队员们开始矛盾了，为继续航行，还是应该参战而苦恼。当时飞来了一封电传，"继续航行，当局希望探险继续进行"，这是当时英国海军星将温斯顿·伦纳德·斯宾塞·丘吉尔发来的电传。丘吉尔开始反对沙克尔顿的南极探险，但他是位能高瞻远瞩的人。就连一艘船都急需的情况下为了祖国的名誉，他认为探险应该继续下去。收到电传的"坚毅号"横穿大西洋经过布宜诺斯艾利斯，奋力开向南乔治亚岛。经过两个月的航行，终于在1914年11月5日到达了南极探险的前沿基地南格鲁吉亚岛的古利德维肯捕鲸基地。

再过一个月后的1914年12月5日，"坚毅号"终于从南乔治亚岛出发正式开始进入南极探险。与原定12月末左右能到达南极大陆的沙克尔顿的预想相反，"坚毅号"到达威德尔海之后，身陷冰川之中而动弹不得，漂浮在海上。

起初沙克尔顿的计划是1914年12月5日从南乔治亚岛出发，1915年1月之前横渡威德尔海，到达南极大陆。但"坚毅号"一进入威德尔海，碰到了无数的浮冰，将近一个多月漂浮在威德尔海上。队员们开始感到"坚毅号"非常缓慢地被浮冰包围，寸步难行。

1915年1月18日，"坚毅号"终于被浮冰包围，一动也不能动了。厂库负责人奥德利这样写了当时的情况。"冻了，好像巧克力棒上镶嵌的杏仁一样。"过了几天浮冰之间的航道还是没有打开。木匠迈锡尼这样记下来当时的情况："1月24日还是被关着""25日还是一动不能动""26日，还是坚硬""27日，还是坚硬""28日还是坚硬"……

2月24日，沙克尔顿终于判断从浮冰很难出去，决定就这样包围在浮冰上过冬。"坚毅号"现在不是船，而是成了海上基地。就这样过了数月，但"坚毅号"还是关在浮冰之间，漂浮在南极大海上。

到了5月2日左右，他们经历了从2月末之后，向西北方向漂流了65公里地点的处境。那时的"坚毅号"是陷在16万立方米之中的冰上的"长44米，宽7.6米的小宇宙"。

终于到了5月初，太阳最后升起水平线上，慢慢消失在视野之外。南极的夜晚开始了。地球上没有比极地的夜晚更安静的地方。人如果很久看不到太阳会得抑郁症、思乡病、慢性心脏病，经受不了对黑暗的恐怖症等。但幸亏"坚毅号"的船员们没有受到抑郁症等煎熬。原本就以各路人马组成，因此互相成了支柱。他们经受了79天黑暗的日子，终于能够重新看到太阳了。

但过了冬天后，更大的危机来临了。8月1日浮冰开始破开，大家认为船能够从冰块中被解脱出来，没料到状况反而更不好了。围绕船的浮冰破开，同时开始毫无忌惮地撞击船的侧面。终于到了10月27日下午4点，猛烈而汹涌而至的浮冰的压力达到了最高。以坚固著称的"坚毅号"，在南极强烈的浮冰威力下，再也不能支撑了，向一侧倾斜，甲板破裂，船的龙骨迸裂了，好像老虎钳拧紧过来一样。在拧紧的浮冰难以想象的压力夹击下，"坚毅号"想方设法为摆脱挤压而摇晃着。沙克尔顿只得下达脱离船只的命令。

安住就是死亡

但在这样的情况下没有一个人表现出失望。他们认为能够活着已经很满足了。毫无方向地漂浮，无可预知将碰到什么困难而战战兢兢的9个月也落下了帷幕。现在他们再难，也要自我排除困难。自己的命运用自己的力量决定，就是决定做了。

沙克尔顿和队员们决定开向大象岛。因为他们知道距离西北方向约557公里的那个地方，有1902年瑞典探险队造的小茅屋和救援物资。沙克尔顿命令队员们尽量缩减物品，他用充满决心的声音说"无助于生存的东西毫无用处，弃掉"。一个队员能够带的最多的东西是穿着的衣服、一副无指手套、六双袜子、两双靴子、一个睡袋、500克烟等个人携带品一公斤。沙克尔顿所带的金币和从亚历山大皇太后那里得到的《圣经》只把签名的部分撕下来保管，剩下的扔到雪地里。现在在他们面前只有漫长而枯燥的行军路。

1915年10月30日，他们一行的行军开始了。但一天就连一公里都不能前进。因为扛着小艇行军。他们的脚站着的地方不是土地，而是海上漂浮的冰面上，碰到海就乘坐船继续前进，因此必须有小艇。但带着小艇硬着头皮继续行军，饿死或冻死之前只能累死。

11月1日，沙克尔顿提出，就在浮冰上扎营，等到天气好转为止，再支撑下去的建议，现在不是船，而是生活在漂浮的冰上面，只能把命运寄托在浮冰的移动上。队员们拼死寻找食物。从没吃过的鲸鱼的肥油也不放过，只有通过吃才能维持体温。但他们的粮食如果按定量来吃，就只剩下三个月的量而已。现在所有的一切只能靠浮冰团的漂流方向，但这里也不是长久住下来的地方。

浮冰团依然每天以三公里的缓慢速度向北移动，甚至感到时间非常沉重。队员们脱离"坚毅号"之后，把整个人托付在浮冰上，向北一直移动130公里。12月21日，沙克尔顿本能地感受到不能再这样移动了，12月23日再次开始行军，但这天只走了两公里，随后连着几天，累而毫无意义的行军继续着。沙克尔顿再次决定停止行军，又扎上"耐心帐篷"。

1916年3月13日，探险队医生亚历山大麦克林在日记中这样写了"我要脱离，我在被强迫症折磨……我们困在浮冰上面都过了四个月了"。

沙克尔顿再次离开"耐心帐篷"是过了一个月后的1916年4月9日。沙克尔顿利用破损的"坚毅号"的木材，加固了三艘小艇，"加兰号""杜德雷·德科号""斯坦科斯·约尔森号"，并放入海中。他们轮番睡或划船，继续艰难的旅程。沙克尔顿几乎每天都熬夜。其他队员轮番睡，但他不能休息。因为随时随地浮冰或冰川的出现会扑向他们。

到了1916年4月15日，终于踩到陆地了。1914年12月5日之后，足有497日后。虽然只不过是宽30米，长15米的大象岛的一个角落，但不是摇晃的浮冰，是不会下陷的地面，就这一个事实让所有的人下了小艇后，流下了感动的泪。但不能留在这里。

这里是远离航道的无人岛屿，搜救人员也不能到这里来，而且粮食也都吃没了。留在这里也只有死路一条，尽早要到南乔治亚岛。

但队员们把小艇拉上岸后翻过来，挖地后钻进里面一个个晕倒了。坐下来的就想躺下来，躺下来就想睡，就想在这安顿下来。看着再也不想动的队员们，沙克尔顿说"这样下去都会死掉，我亲自去南乔治亚岛，请求救援"。

1916年4月24日，沙克尔顿把22名队员留在大象岛，带着5名队员，再次把船推向冰冷的海上。如果风向好，就可以到达南乔治亚岛，至少理论上是这样的。

明知到达南乔治亚岛的概率几乎不可能，但很多队员主动请愿同行。因为留在这里等待，可能会在这个可怕的岛上过冬。最终沙克尔顿与5名队员一起，乘坐其中状态好一点的"加兰号"，奔大象岛的北侧路线，向着南乔治亚岛"生存可能性为零"，重新开始了冒险。

1916年5月25日，沙克尔顿和5名队员离开大象岛已经过了一个月还有一天，22名留在岛上队员中的一名摄影师亨利在自己的日记里这样写道："扬风飘雪，看起来我们所处的冬天难以形容地严酷而荒凉，所有的人放下手中的活呆呆地等着"。

但留在岛上的22人谁也没有绝望。预定的时间内沙克尔顿的搜救艇没有出现，但他们找出冰、强风、雾、寻找合适的船只、例行推迟等诸多原因，没有放弃救生船一定会来的希望。谁都没有提及"加兰号"有可能破船或失踪。他们在心里努力地赶走绝望，保持乐观的态度，因为他们知道绝望就是死亡的道理。

只要不绝望，我们就能活下来

另一方面，奔着大象岛北侧方向走的沙克尔顿和5名队员，于1916年5月10日终于到达了南乔治亚岛。这简直就是奇迹。但距离破碎一步之遥的小艇绕到岛北岸的当尼斯捕鲸站是不可能的事情，沙克尔顿建议爬山过去，但筋疲力尽的队员们都摇摇头，这个山海拔足足超过3000米，结果与沙克尔顿患难与共的两个队员一起爬上了山，剩下的三人在原地等他们回来。

他们爬山的过程非常惨烈。就像在电池耗尽所有电一样的状态下爬上了山，到达山顶的时候剩下的仅仅那一点点体力也露底了，结果他们以死的觉悟像滑滑梯似的滑下山，除此之外毫无其他办法。但在他们绝不放弃的挣扎面前，路终于被打开了。终于在5月20日，沙克尔顿就像与文明世界断开的线重新接上一样到达了当尼斯捕鲸站。

第二天1916年5月21日，滞留在南乔治亚岛国王哈康湾帐篷的三名队员戴维·麦德尼休、麦卡提、宾森特最先被捕鲸船救出。到达南乔治亚岛仅三日后的5月23日南方天空号船开往大象岛，但距离目的地只不过60余公里的地点撞到巨大的浮冰团，只能回航。沙克尔顿为了寻找新船东奔西跑，但第一次世界大战还在进行中，因此想找一艘击破南极冰川航行的大而坚固的船非常难。在这期间乌拉圭政府和英国协会给他们送去船，但都以船体损坏和气象恶化未能到达大象岛，于是只能返航。

沙克尔顿焦急万分，但命运并没有把他们抛弃。8月25日"詹姆斯加兰号"从大象岛出发到达南乔治亚岛过了四个月后，智利政府给他们伸出了援助之手。以只能航行没有冰的海面上的条件给了"埃尔科号"船。沙克尔顿乘这艘船向大象岛前进。他再次从威德尔海北侧方向横渡冰冷的大海，航行比想象的顺利。1916年8月30日终于远远地看到大象岛了，就像奇迹般地，岛里的人在向他们挥着手，沙克尔顿忙拿起望远镜数了数队员们的人数，瞬间他难以相信自己的眼睛，再数了一遍，正是22个人，一个人都没倒下，全都活着。

沙克尔顿的眼眶潮湿了，所发生的事情就像走马灯一样浮现在眼前，横跨南极虽然失败了，但他得到了更加宝贵的东西，正是这27个人的生命。就这样他们在1914年8月1日离开英国760余日之后，1914年12月5日从南乔治亚岛出发635日之后，返回到文明世界里。

他们能够活下来的原因只有一个，能够战胜绝望。他们的生还就等于伟大来自不绝望的真理公之于世。

◣◣◣◣ 沙克尔顿摆脱危机的七项领导力

那么，他们怎样在恶劣的环境中全都生还呢？究竟沙克尔顿发挥了怎样的领导力，取得了全员生还的奇迹呢？

1. 使队员们感到每个人都是主人翁

要排除他们身上存在的抱怨、不安的问题，首先让他们拥有"你们就是探险队的主人"的意识。他们不是沙克尔顿硬逼着探险的人，他们是自己命运的主人，自古主人是没有抱怨，不容易放弃的。

2. 没必要的东西绝不手软地弃掉

船破后沙克尔顿与队员们一起计划行军到储备粮食的保莱特岛，相距约

557公里的路程。为了生还减轻各自的行李，最终留下生存的希望，其余没用的东西全部扔掉了。

3.绝不傲气

走了不久，知道了走到保莱特岛的行军是不可能的，立即中断了行军计划。拉着小艇无论如何也过不去浮冰之间的峡谷，即他知道该放弃的时候立即放弃，比起自己的自尊，他更加尊重27个人的性命。

4.在任何危机下，时刻准备未来

沙克尔顿在危机中也伺机找机会。最终救活他们的就是绝望中也不断修理的三艘小艇。

5.不失去最终目标

沙克尔顿重新乘上三艘小艇，殊死搏斗后终于到达大象岛海岸。准确计算497日后站在了不摇晃的土地上。再怎么渺小的土地，也不像浮冰一样摇晃、也不会裂开。充满想安顿的诱惑，但这里不是他们最终的目标。最终沙克尔顿给队员们证明了他的目标不是安顿在这个岛上。领导决不能安于现状，始终应该眺望最终目标，领导不忘，跟随者也能坚持到最后。

6.果断挑战

沙克尔顿和队员们必须到南乔治亚岛，只有到了那里才能活下来。三艘小艇中两艘破损严重，因此能够随风浪放行的只有一艘，就连航行也只能依靠海潮和风浪。但沙克尔顿没有放弃，把这一艘船重新放在冰海上。生存的机会对于果断挑战的人给予微笑。

7.负责到底

沙克尔顿领导力的完成在于"负责到底"。他到了大象岛后，留下22名队员，只带着5名上了小艇。直到最后他也没有放弃希望的风帆，之后奇迹般地抵达了南乔治亚岛，再次翻越高山抵达了东部的捕鲸站。他终于生还了，但他没有停止，不顾周围的劝阻再次返回到大象岛，也许永远回不来那噩梦般的海上之路，再次返回去了，这是为了负责到底。终于救出了留在大象岛的全部22名滞留队员。负责到多少，人就留下多少。领导的力量决定于能够负责到哪里、负责多少。

沙克尔顿和27名队员当初横断南极的计划失败了，但他们并没有失败，他们取得了比任何东西都伟大的东西。在朝不保夕，生命希望几近零的恶劣的条件下不绝望，展现了英勇不屈的意志，敲打人们挑战和冒险的伟大。

从这以后过了5年，1921年9月17日沙克尔顿又向南极出发了。但没等踏上南极大陆，就结束了生命。他的尸体安放在南乔治亚岛，但他向往挑战和冒险的热情，还留在今天敲打着安于现状的我们。他还在说："冒险吧！今天、明天也继续冒险！"

第十章

兴盛和衰亡的二重奏——衰亡史

繁荣中始终暗藏着衰亡，《罗马帝国衰亡史》的序幕是罗马帝国鼎盛期，因此更加意味深长。

罗马帝国的教训，
不要自满，始终应该保持清醒

1930年年初，美国一家保险公司的安全工程师海因里希在统计各种事故中发现"1：29：300"的法则。一次大型事故发生之前，曾发生了类似29次轻微的事故，这轻微事故发生之前其周围又出现过300次以上征兆的内容，现在称之为"海因里希"法则。

日本东京大学畑村洋太郎教授也曾说过"一次大失败、大型事故、走向灭亡的路都蕴藏着300次的征兆"。但大部分人读不懂这个征兆，他们想不到小的征兆积累后能够一瞬间摧毁巨大的组织或项目。

罗马帝国也没逃脱这个法则。就像罗马帝国不是建立在一朝一夕一样，罗马帝国的灭亡也是在无数的征兆累计中进行的。那么我们从罗马帝国的衰亡中能够找到怎样的教训呢？

先从结论讲，就是"始终要清醒"。为了能够捕捉不知何时出现的衰亡的征兆，要始终睁大眼睛、不能松懈，危机每一瞬间都存在。就看罗马史，和平时期只是危机间隙的休整而已，不曾有过几百年的太平盛世持续过。强大而伟大的东西到了一定时候，也终究会倒下，因此要谦虚。应该有谦虚的眼光，因为只有谦虚的眼光，能够捕捉危机、衰亡的征兆。

"历史是褒贬的。"褒贬是指赞扬和贬低，即判断对与错、善与恶的标准。我们学习历史的原因也是通过历史判断现在和未来、分清是是非非，为了决定带着某种方向性怎样向前走。衰亡史的教训也是为了这个目的。通过历史的褒贬警惕繁荣期的自满。

繁荣已经暗藏着衰亡的阴影

爱德华·吉本写出《罗马帝国衰亡史》的理由是为了当时处于隆兴和衰亡十字路口的大英帝国，给予历史的教训和信息。有趣的是鼎盛期和衰退始终交叠的事实。

英国的伊丽莎白一世为争夺大西洋制海权而击破了西班牙的无敌舰队。然后在西班牙王位继承权战争（1701—1714年）中与荷兰联手击败了西班牙和法国的联合舰队，在殖民地争夺战，与殖民地的交易上强占优势。之后英国在18世纪拿破仑战争（1797—1815年）中胜利之后，一跃成为"大英帝国"。这些战争好像竞赛的三级跳一样，为大英帝国繁荣重要的前期准备成了契机。但大英帝国因美国的独立战争（1775—1783年）和荷兰裔移民者布尔人就南非主导权进行的布尔战争（1899—1902年）为契机开始衰败，在第一次世界大战（1914—1918年）和第二次世界大战（1939—1945年）中折断了翅膀，直到苏伊士战争为止继续走下坡路。爱德华·吉本在18世纪后期英国的繁荣和衰亡的交叉点上，对祖国的未来担忧，写了《罗马帝国兴衰史》。

一天中最热的时间不是正午12点，而是下午2点，历史上最热的时间鼎盛期是已经过了鼎盛走进衰亡路口的瞬间。因此繁荣始终暗藏衰亡的阴影。《罗马帝国衰亡史》的序幕就是罗马帝国鼎盛期，因此更意味深长。

"罗马帝国不是一朝一夕建立起来的"，同样"罗马帝国也不会一朝一夕倒下去"。衰亡是结构性错误重叠，经过很长时间慢慢进行，一句话很难说明其原因。年鉴学派历史学者费尔南·布罗代尔关于此曾推出了"长期持续（时段）"的理论。长期持续理论反对把历史看作事件持续不间断的连续，而要看成事件、局面、结构的动感合并。

首先，事件形成局面。在这里注意的是局面不是诸多事件的总和。新的局面在无数大大小小事件中由某一个突发性要素引起的，即局面不是以事件的总和而存在，而是事件的叠加或事件的突然变化中以崭新的面貌出现。构造也同样，不是单纯的局面聚集起来形成构造，而是出其不意的局面的诸多因素突出，一层一层交叠于地表一瞬间推翻而形成新的构造。这就是长期持续的历史。

罗马帝国的衰亡也是很难一句话说清。它不是一次性爆炸形成，构造的缺点重叠起来经过很长时间进行的。因此想真正理解罗马帝国衰亡的原因，应该从罗马初期开始仔仔细细地观察。

罗马帝国不是一朝一夕形成的

罗马是公元前753年由罗慕路斯建立。罗马市有很多高低的丘陵，建国初期的罗马只有两个丘陵大小的小镇。公元前326年，经历了与以罗马南部山区为根据地活动的野蛮人萨姆尼特族的数十次战争后统一了意大利半岛。扩大了势力范围的罗马立即把眼光投向了地中海。当时地中海是以西西里岛为准，东部由希腊、西部由迦太基掌握。西西里岛是古代腓尼基人建立的海洋帝国迦太基的占领地。为了通向海洋必须占领西西里岛，罗马不可避免地要与迦太基一战。

在这样的背景下，长达23年的第一次布匿战争（公元前264年—前241年）终于爆发了。迦太基的总司令官是汉尼拔的父亲巴卡斯·哈米尔卡，罗马的将军是马尔库斯·阿蒂利乌斯·雷古卢斯。第一次布匿战争以罗马的胜利告终。结果迦太基撤离西西里岛，立即付款1000塔兰特，以后十年每年以付款2200塔兰特（货币单位）的巨大的赔偿金达成协议，以此战争告一段落。就这样罗马把西西里岛初次变成行省，行省的居民不是奴役，而是享有公民权的罗马市民，即行省西西里岛以市民来自治，出人头地的路子也打开了。这样的政策为后来支撑罗马起到了很大的作用。换句话说罗马认为，不会成为绝对危险，就拥抱被征服国家，是胸怀宽大的强大帝国。

第二次布匿战争是汉尼拔的战争。趁罗马把眼光放在地中海和高卢，迦太基人在汉尼拔的父亲哈密卡·巴卡的带领下征伐了西班牙。跟随父亲哈密卡去往西班牙的9岁汉尼拔，在那征伐过程中与士兵们同苦同乐成长为青年将军。父亲被刺杀而悲惨死亡后，26岁的汉尼拔成为迦太基的总司令官。两年后他带领战象37头，步兵5万人，骑兵9000人，横渡了罗马和迦太基军事边界的埃布罗河。这是第二次布匿战争的开端。

第一次布匿战争后，预想到迦太基再次从海路攻击过来的罗马，主力放在了海上防御上。但汉尼拔策划了不选择熟悉的海路，而选择山路的攻略，即不选择自己熟悉的当作武器，而用自己没有的新武器击中对方的要害，成功为自己保存了实力。

公元前218年7月初，汉尼拔克服种种困难，以大象军团为先头部队，率军越过了险峻的阿尔卑斯山脉。越过阿尔卑斯山脉期间汉尼拔的部队除了大象37头，减到步兵两万人，骑兵6000人。但汉尼拔的部队势如破竹般猛冲到罗马。

公元前216年6月在坎尼城，8.6万名罗马军（步兵8万人，骑兵6000人）和2.6万人迦太基军开战了，这是古代历史上规模最大的战斗。结果让人吃惊的是以汉尼拔带领的迦太基军的完胜结束。此战虽然并没有彻底击溃罗马，但汉尼拔战术运用之高妙，时至今日，仍被誉为军事史上最伟大的战役之一。

危机促使罗马更加强大

罗马在坎尼会战中失败了，但没有灭亡。罗马以公民的八分之一参加战斗来决一死战，反而孤立了汉尼拔的部队。加上汉尼拔从本国迦太基得不到任何支援。士兵的不足想在当地以雇佣兵雇佣，但这也不尽如意。加上新生帝国罗马把新占领的地区属地化，广泛地赋予公民权等优柔政策，因此汉尼拔的部队得到民心非常难。即正在成长的罗马面临的危机，只能使罗马变得更加强大，没有灭亡。

在这个过程中罗马24岁的普布利乌斯·科尔内利乌斯·西庇阿之子大西庇阿坐上了司令官的位置。大西庇阿转为平稳状态，进入迦太基占领地西班牙，攻打了占领此地的汉尼拔的姐夫哈斯德鲁巴的军队。然后立即率领罗马军队再攻进迦太基帝国，迦太基紧急请求汉尼拔归国，汉尼拔率领疲惫的士兵回到了离开36年的故国迦太基。这次不是攻击，而是守备的角度开战。结果在与大西庇阿的战斗中战败了。在这个关头迦太基的元老们为了自救，把汉尼拔的位置告发给罗马。觉察到的汉尼拔躲避到土耳其的安那托利亚，在那里喝毒药自杀了。这时他的年龄是67岁。半年后他的棋逢对手大西庇阿也离开了人世。

经过了两次战争，迦太基也没有灭亡。这样的迦太基是罗马的眼中钉。当时受罗马人绝对信任的老卡托——每次不论什么话题演讲之后，都有同样的最后一句话"迦太基一定要消灭！"。公元前149年迦太基全部偿还了第二次布匿战争的赔偿金后，罗马宣布第三次布匿战争。但这时的迦太基按象棋比喻为车炮全部取下的状态。因为战败条约中既不能拥有海军，陆军也孤立，武器也不好。但迦太基居民决心与"驱逐全部居民和完全破坏迦太基市"作为目标的罗马人决死抗战，自发制造了18000支剑，3万个矛，8000个盾，120艘船，投石器数千台。

当时罗马将军是大西庇阿的养孙埃米利安·科尔内利乌斯·西庇阿（小西庇阿）。他加固了全长达720米的海上堤防封锁了迦太基市。迦太基人们没有屈服于此，新挖水路通往海上的出口后企图与罗马海战。但胜利的女神站在罗马一方。三年的封锁之后20万人的迦太基人一半以上饿死，剩下的一半抵抗罗马的最后进攻而战死，生存者成为奴隶。占领迦太基的罗马军，近17天进行破坏、掠夺迦太基的所有东西后，火烧700余年延续过来的海洋帝国的首都，迦太基完全被毁灭，然后把迦太基的所有领土行省化后，把此地命名为"非洲"。"非洲"一词包含了这样的伤痛。

外部平静，内部就战乱

外部的战争平息了，内部就战乱了。经历了与迦太基的心焦如炭的战争后，罗马也是如此。统一了意大利全境，掌握了地中海海上控制权后，开始了民众派和贵族派之间的观念上的对决。加上在这种情况下受角斗士训练的斯巴达克为首的奴隶7万人反抗起义，加重了罗马的混乱。公元前73年—公元前71年，感到震惊的罗马元老院的保守派们派出格奈乌斯·庞培和玛库斯·路库鲁斯镇压了斯巴达克起义，他们胜利凯旋罗马的瞬间除了一个人赞同，所有元老院成员都反对。这一个人就是盖乌斯·尤利乌斯·恺撒。

之后罗马的权力集中到克拉苏、格奈乌斯·庞培、恺撒三人手中。公元前60年秘密结成三头同盟的第一次三头政治开始了。但权力本来就不能分开。高龄的克拉苏在战场上死了之后，三头政策就瓦解了。自愿出任高卢总督的恺撒，在10年的时间里取得高卢战争胜利，扩张了领土之后，得到了罗马民众绝对的支持。感到危机的元老院，怂恿他的竞争者庞培，造成了恺撒之间的对决。

∿ 恺撒后半生的三句话

公元前49年1月10日，恺撒留下"骰子已经掷出了"的绝路逢生的话后，率拼死一战的军队，渡过卢比孔河向罗马进发。庞培和元老院保守派贵族们逃离到南部布林迪西。休整了因内战荒废的罗马后，再去追击他们。庞培与恺撒的军队在法萨卢斯平原正面遭遇，这是庞培想趁恺撒不在罗马，袭击罗马的计策，但其结果恺撒大胜。结果庞培整顿军队，想再次压迫恺撒，逃离到非洲，但到了埃及首都亚历山德里亚，被托勒密十二世派来的刺客所杀，结束了最后的荒唐。

恺撒到达亚历山德里亚，想依靠强大力量的埃及宰相托勒密献给他庞培的头颅。但恺撒被克丽奥佩特拉七世的魅力所迷住，便协助她将托勒密十二世除掉，宣布克丽奥佩特拉七世与其弟托勒密十三世共同执政。但对此不满的托勒密十三世发动军队威胁恺撒。但其结果托勒密十三世自己被清除。这就是亚历山德里亚战争。

战争结束后，克丽奥佩特拉七世，依照姐弟间成婚继承王位的埃及传统与不到10岁的另一个弟弟托勒密十四世形式上成婚，登上了实质上埃及统治者位置。

从此恺撒与克丽奥佩特拉七世开始了实质上的结婚生活。持续近100日的尼罗河蜜月旅行也是这时进行的。在这过程中，两个人之间有了儿子恺撒里昂。在这期间一起渡过卢比孔河同苦同乐的恺撒的部下们开始发出不满情绪，他们不是为了自己的君主只做埃及王而长时间穿梭于生死的门槛战斗的，就这样部下们的不满达到了一触即发的地步，结果恺撒为了平复部下的不满和确立自己的位置，只好再次征战。他率领军队进军叙利亚击破了黑海沿岸潘特斯王国后，征伐了小亚细亚，然后给罗马元老院写了一封历史上最简短而伟大的胜利战报"我来、我见、我征服"。

回归罗马的恺撒邀请克丽奥佩特拉七世，让她住在第伯树对岸的恺撒私人宅邸后，他本人前往还剩下格奈乌斯·庞培残余的西班牙的孟达。在孟达与庞培的两个儿子对战，恺撒以4万人要迎战两倍的8万敌兵。听说恺撒喊着"我在这里英勇战斗留下美誉，我战死了战斗就以此结束"的口号，跑在先头猛冲，8万名敌军惊慌失措纷纷逃散。

就这样恺撒把庞培的残余全部肃清后，元老院也终于在公元前45年4月20

日不得不赋予恺撒终身独裁官的职位。掌握权力的恺撒为了让在亚历山德里亚亲自看到、听到和经验过的知识能够扎根罗马，大举招来当代最高的学者们，建立博物馆、图书馆、大学等。还有草皮纸替代羊皮纸卷筒，实行一年分为365日的儒略历，想继承亚历山大大王伟业的雄心，计划征伐波斯帝国。这里，像亚历山大大王时期一样的梦想重建帝国版图的克丽奥佩特拉七世执着地说服和恳求也起了作用。但征伐波斯帝国之前，召开了元老院会议。

就是那一天，恺撒的妻子科涅莉亚抓住丈夫不让他去参加元老院会议。她说做了他身上染上血的梦。还有元老院前面占星家斯巴琳娜也喊了"注意3月15日"！恺撒出征东方三天前的公元前44年3月15日，阴森森的阴谋掠过了像铺了雾一样的元老院。恺撒在那里被刺了23刀。他用悲痛的声音喊出"布鲁图斯，连你也……"后，结束了他的生命。最后刺死他的人就是他当亲子看待的布鲁图斯（也有布鲁图斯是恺撒亲儿子的说法）。罗马英雄就这样消失了。

盖乌斯·屋大维乌斯·图里努斯，缔造罗马帝国

公元前44年3月18日，按预定恺撒出征波斯的那一天，在罗马举行了盛大的国葬仪式。

恺撒遗嘱里指定继承人是他的妹妹阿提亚的孙子及自己的养子——刚18岁的盖乌斯·屋大维乌斯·图里努斯。但当时最高执政官马克·安东尼的眼里比

自己小20岁的屋大维乌斯看起来只是可笑而已。他不能容忍屋大维越过数十年凌驾于与恺撒驰骋疆场的自己，成为恺撒的继承人。安东尼和屋大维乌斯的决战是不可避免了。

安东尼和屋大维乌斯第一次冲突发生在公元前43年。结果屋大维乌斯胜利了。但屋大维乌斯没有处死安东尼，而是派出恺撒的心腹马尔库斯，与安东尼和解，第二次形成了三头政治。屋大维乌斯、安东尼、马尔库斯首先没收了与恺撒暗杀有关联的元老院议员200人，骑士2000余人的产业后，将他们处刑了。

接下来安东尼和屋大维乌斯的联合军追击逃亡东方的布鲁图斯和卡西，屋大维乌斯的大军取胜，而布鲁图斯与卡西自杀。就这样结束大规模的报复战之后，三人决定把罗马行省划成三等份，各自掌管。屋大维乌斯掌管高卢、日耳曼尼亚、西班牙；安东尼掌管埃及、希腊、中东地区；马尔库斯掌管迦太基的故土非洲，打开了帝国分割统治的先例。

其后过了10年，马尔库斯一死，三头政治的均衡被打破，屋大维乌斯和安东尼再次进入对立局面。统治埃及的安东尼被克丽奥佩特拉七世迷惑。公元前31年9月2日，屋大维乌斯向安东尼宣战。这就是有名的阿克提乌姆战役。

结果屋大维乌斯完胜。当时屋大维乌斯在安东尼阵营散布克丽奥佩特拉七世死亡的谣言，听到这个消息的安东尼选择了自杀。接着屋大维乌斯听到安东尼自杀的消息，借着这个势头攻进亚历山大德里亚。克丽奥佩特拉七世想诱惑攻入亚历山德里亚的屋大维乌斯，但没有成功，认为再没有希望的克丽奥佩特拉七世被毒蛇咬伤，也属于自杀了。

屋大维乌斯把安东尼和克丽奥佩特拉七世安葬在一起后，将克丽奥佩特拉七世和恺撒生出来的小恺撒也处死，但饶了他两个女儿的命交给妹妹屋大维。就这样埃及王国托勒密王朝也宣告终结。

之后屋大维乌斯连续13次当选为执政官。公元前29年开始得到了"奥古斯都（最高司令官）"称号加上"第一公民"的称号。元老院把所有的权力转让给屋大维乌斯，还恳求接受罗马专权，授予他"奥古斯都"的称号。经历血雨腥风的内战和两次的三头政治，尝到了极度混乱的罗马公民们再也不会对共和制度抱有任何留恋。就这样屋大维乌斯事实上成为罗马第一个皇帝，取名"奥古斯都大帝"。

终结罗马混乱的奥古斯都首先把军队从50万人减到20万人，让士兵返乡从事赖以为生的农业，还有对恺撒进行的大规模社会改革全部进行整理，过着简朴的生活，一直活到76岁。但晚年病魔缠身，变得疑心重重，组成护卫自己的近卫队，这成了后来击垮罗马财政的决定性因素中的一个。因为这之后近卫队不断更换着皇帝。

丰饶带来腐败和颓废

屋大维乌斯死亡后，罗马逐渐走向腐败之路。第二代皇帝提比略·尤里乌斯·恺撒·奥古斯都（公元前14年—公元37年在位），在父亲屋大维乌斯死后，到了55岁才登上皇帝位置。提比略的统治丰饶而和平，罗马公民的腐败和颓废的生活也正是在这繁荣中急速进行。加上提比略本人也被不断地暗杀企图和暗斗、背叛而导致精神异常，结果在卡普里岛过隐遁生活，77岁死亡。

不仅如此在日耳曼尼亚军中出生，从小穿着军靴成长而称之为"卡利古拉（大军靴）"的第三代皇帝（公元37年—公元41年在位）时代顾名思义就是疯狂的极限。在短暂的5年在位中，开始的一两年还算可以，其后卷入精神异常似的疯狂中，让元老院议员与角斗士决斗，而被打死；还说要学习埃及王室的风俗与亲妹妹德鲁西拉结婚；不喜欢光头，看到光头的人投进猛兽群里，结果被看不下去的近卫队队长卡西乌斯·卡瑞亚所杀，失去了生命。

第四代皇帝克劳狄乌斯（公元41年—公元54年在位）是卡利古拉的叔父，是近卫队拥立的皇帝，近卫队认为能够操纵他。他从事史学著述，地理和医学方面也有造诣，一即位就展示了突出的治世能力。但他有一致命的弱点，就是对女人疯狂地沉迷，结果他被第五任妻子阿格里皮娜毒杀，她带过来的儿子尼禄坐上其后的皇位。

第五代皇帝尼禄（公元54—公元68年在位）在位初期的五年非常和平而稳定。这是摄政尼禄统治的斯多葛哲学的巨匠塞内加的功绩。塞内加是尼禄的老师及监护人，但把尼禄变成史上最残酷暴君的人也是塞内加。尼禄原来是喜欢诗和音乐，情感丰富的青年。他这样的放荡生活是从罗马社交界的宠儿盖厄斯·佩特罗尼乌斯的党羽结交开始的。但塞内加不但不指责反而加以怂恿，因为皇帝陷入放荡生活，自己才能随意统治罗马。败坏尼禄的不仅有塞内加，毒死丈夫把儿子推向皇帝位的权力的化身阿格里皮娜也有份儿。她想自己独占皇帝的位置，就连儿子也要攻打，发觉后被幽禁。不仅如此朋友之妻后成为尼禄第二个皇后的波培娅·萨宾娜也与阿格里皮娜反目，尼禄杀死自己的亲母，第一个皇后屋大维娅也被杀死。

公元64年7月尼禄为大兴土木建造宫殿而制造罗马大火并且嫁祸于基督教，肆无忌惮地进行了集体屠杀。波培娅生孩子时死亡后，尼禄找到酷似此女的美少年斯波鲁斯带到宫殿阉割后，有了操办婚礼的疯狂行为，然后连自己的老师塞内加也被扣上逆谋的罪行处决。因此元老院反对尼禄的血腥残暴、专横跋扈，决心拥立西班牙行省总督加尔巴为新的皇帝，清除尼禄。尼禄与斯波鲁斯一起逃亡中自行切断颈动脉而自杀。听说最后还留下"伟大的艺术家即将死去"的话。当时他的年龄为31岁。

但之后也是血腥的战争。清除尼禄的加尔巴即位不到三个月被近卫队所杀失去生命。银行家奥托被推举为皇帝，但他也被起兵叛乱的维特里乌斯所杀。维特里乌斯又被韦帕芗杀害。这些都发生在公元69年一年之中。陷入了一年中4名皇帝被处死的巨大的混乱之中。

在这样的过程中，年逾60岁登上皇位的韦斯帕西恩终于致力财政的复原和军队的装备，把濒临消亡的罗马复活。他甚至直到临死为止留下"皇帝要站着死，才能有威信"话，他是个意志很强的人。

接替韦斯帕西恩成为皇帝的是他的长子提图斯。他接任皇帝那年79岁维苏威火山爆发，庞贝被湮没、古罗马竞技场完工、意大利半岛全部地区发生瘟疫，提图斯也是在那年患了瘟疫死了。接替他即位的是他的弟弟多米提安努斯（图密善），过分强求崇拜皇帝，引起元老院和近卫队的反感，终究被暗杀。

罗马鼎盛期，罗马治世

平定这种罗马混乱期的人是既是诗人，又是律师的涅尔瓦（公元96年—公元98年在位）。涅尔瓦开始了所谓的"五贤帝时代"。他虽然执政才两年，但稳定了财政，阻挡了从提比略开始不断肆意的近卫队独断专行等劣迹。涅尔瓦把日耳曼尼亚远征军的马尔库斯·多尔披乌斯·图拉真认为继子，立他为继承者。

接续涅尔瓦即位的图拉真（公元98年—公元117年在位）是尊重元老院意向的皇帝，他一执政便大力扩建公共工程，如修道路、造桥梁、开沟渠、垦荒地、辟港口、立大厦等。图拉真广场完工也是这个时候。

他又把恺撒梦想的征服东方的计划付诸行动，征服了美索不达米亚（阿拉伯）、波斯、叙利亚、亚美尼亚等地，使之变成行省，这个势头扩展至印度洋。向北英格兰，向南北非、向西大西洋沿岸、向东美索不达米亚（阿拉伯）

的当代帝国版图，在罗马历史上简直最为辉煌。

最终图拉真想征伐印度和中国建造远洋舰队，但因为年龄便放弃了。公元前117年返回罗马途中以64岁的年龄咽气了。

接续图拉真的哈德良（公元117年—公元138年在位）整顿了官僚组织，在整理法律体系等管理国家政务上发挥了他卓越的才能。他随时带着极少数侍从巡视帝国的全部地区，巩固了罗马的版图。不列颠尼亚北方长城、重建的万神庙神殿等。至今为止传下来的罗马的杰作大多数都是这个时候建造的。他为了事先切断近卫队的独断专横，指定安敦宁·毕尤为下任皇帝，他的养子马尔库斯·奥列里乌斯为再下一位皇帝后闭上了眼睛。

安敦宁·毕尤（公元138年—公元161年在位）一即位，就把自己的全部财产捐给国库，完成整顿法典，为"罗马治世"准备了实现依据。

事实上罗马的鼎盛期是这个时候。整个统治期间为了恳求与罗马之间的合并，世界各国的使节络绎不绝。《后汉书》有大真帝国的安敦宁皇帝送来象牙的记载，这里的大真帝国当然是指罗马，安敦宁皇帝就是安敦宁·毕尤。

接续安敦宁·毕尤之后即位的皇帝马克·奥勒留（奥里略）（公元161年—公元180年在位）是斯多葛哲学的信奉者，以彻底的禁欲和克己一贯像修道者一样的皇帝。他的著作《沉思录》既是斯多葛哲学的精髓，又是古代罗马最高的道德读本。他过于清高，洁净得让人无法靠近。罗马市民既尊重他，又惧怕他。

但只要是罗马市民路人皆知皇后芙斯汀娜的腐败和专横，只有他被蒙蔽着，他相信芙斯汀娜是最贤淑的妻子，自己是牢固地插上门闩的皇帝。结果代表自己品格的禁欲和克己、慈悲之心既成为他最大的优点，也成为缺点。作为领导人不仅原则要分明，而且也要对人们敞开心扉。

让罗马患病的面包和杂技

马克·奥勒留驱逐罗马国境南下的日耳曼族，返回的路上死于潘诺尼亚的文都滂那（维也纳）附近。他一死，罗马又陷入了满是阴谋和暗杀、杀戮和堕落玷污的无秩序的世界。接续他的人是好莱坞大片《角斗士》里登场的康茂德。

但电影本质上只是把历史事件虚构出来的。事实上他并未杀父亲马克·奥勒留。他无法忍受父亲懦弱、暴政，姐姐鲁琪拉和元老院共谋想刺杀父亲也是事实。

康茂德对国政事务毫不关心。对他来说皇帝的权位是可以保障无限地享受快乐的，除此之外没有其他意义。他到死为止喜欢击剑。自我习得投枪术和弓箭术，近735回亲自作为角斗士出场争斗。

其实维持罗马的是"面包和杂技"，面包和杂技维持罗马肯定起到了巨大作用。但面包和杂技使罗马从根本上开始患病。罗马是从里面开始瓦解的。

公元前123年护民官提比略·格拉古立了"小麦法"，买进来每年收获的一定量的小麦，以市场一半价倒卖。但过了40年后的元老院派苏拉选为执政官后废除了"小麦法"。之后公元前75年民众派执政官科斯塔，以无偿受惠者数限制在4万人的条件复活了"小麦法"。但这无偿受惠者数不断地增加，到了恺撒时代达到了15万人，到了第一位皇帝屋大维乌斯时代达到了20万人。当时罗马人口是100万~160万人，无偿受惠对象为17岁以上，居住罗马的公民，这样算起来一户为五六人，几乎所有家庭都是受惠对象。结果罗马公民没必要担心面包。

罗马公民权的人，在庆典日可以免费进入各种斗技和话剧演出场所。这是杂技的开始。但罗马庆典日到恺撒时代一年有56日，第二世纪五贤帝时代是120日，西罗马帝国灭亡的5世纪左右达到了175日。罗马帝国末期，罗马市民就等于一年中一半时间观看杂技。

"杂技"一词来源于在公元前6世纪左右的初期，罗马的五代王塔克文·布里斯库纪念战胜而建立的圆形竞技场——罗马的大竞技场。之后这个马戏场变成杂技场。当时罗马大竞技场具有可以容纳10万人的大规模，主要展开战车竞技。公元前221年增建了马戏团弗拉米尼，卡利古拉时代又增建了两个比这小的竞技场，因此到了庆典日20万~30万名的罗马公民能够同时观看竞技。

不仅如此我们熟悉的古罗马竞技场是公元72年尼禄皇帝时期的黄金宫殿的人工荷塘，由韦斯巴芗皇帝填了之后开始建起来的，到了80年，他的儿子提图斯皇帝时完工。其实古罗马竞技场不仅在罗马，在蓬佩伊、卡普阿等多个城市也建造了竞技场。但古罗马竞技场能容纳5万人，容纳人数有限度。但在这里主要展开的角斗士竞技是罗马公民最为狂热的项目。

近卫军，是罗马灭亡的根源

角斗士皇帝康茂德狩猎回来后，喝了自己的情妇玛琪亚放了毒的葡萄酒而被毒死。玛琪亚的背后有侍从长（摔跤手纳尔奇苏斯）近卫军长官莱图斯，他们拥立容忍暗杀皇帝的元老院议员佩蒂纳克斯担任新皇帝。但他太过于着急地想改革腐败的国家，即位仅86天就被近卫队暗杀。罗马的政治史没落到最坏的状态也是这个时期左右开始。佩蒂纳克斯被暗杀后近卫队把罗马卖给了有钱而无能的元老尤利安努斯。

但用钱买到皇帝座位的尤利安努斯登上皇位66日后被赶下台。把尤利安努斯赶下台的塞普蒂米乌斯·塞维鲁把解散的近卫队加强至比之前4倍的规模，开创了近卫队专横跋扈时代。爱德华·吉本曾指定这个赛维鲁是"罗马帝国灭亡的罪魁祸首"。

赛维鲁死后，他的两个儿子反目成仇争夺皇位，除掉他们成为皇帝的马克里努斯想要改革腐败的军队，反而被军队反抗最终被清除。接着登上皇位的埃拉伽巴路斯将军被他的叔父亚历山德鲁·赛维鲁清除之后，近卫队时代终于落下了帷幕。

之后亚历山德鲁·赛维鲁在位13年，他想把罗马重新正常化，但也没做到。他也被色雷斯农民出身的士兵马克西米努斯杀害。从此（公元235年）开始有力量的军人成为皇帝的正规军人当上皇帝时代开始了。之后到狄奥克莱斯（戴克里先）即位（公元284年）为止重复了以下犯上，在半世纪时间发生了乱立近23名皇帝的惨剧。

屋漏偏遭连阴雨，罗马还要抵挡哥特族的入侵。哥特族原是日耳曼一族，推断原根据地是斯堪的纳维亚半岛南部。他们几乎文盲水平，虽然进行物物交换，但对价值或价格的理解水平也很低。当时堪称最高文明的罗马就被这样的野蛮族的入侵而摇晃。

哥特族为什么从波罗的海向黑海方向经历近一个世纪大迁移，对此尚未清楚。但他们瞬间占领了乌克兰地区。然后进攻图拉真皇帝扩张的现在的罗马尼亚多瑙河下流一带达基亚州。哥特族更进一步掠夺和蹂躏亚历山大大帝的父亲腓力二世建立的马其顿王国。德西乌斯皇帝为了攻打进入罗马领土肆意掠夺的哥特族而出征，与长子一起战死。（公元251年）

德西乌斯皇帝在与哥特族的战斗中阵亡后，根据元老院的意见他的次子霍斯蒂利安和默西亚（罗马行省）总督卡力古拉共同执政，诞生了所谓的"共治皇帝"，但共治皇帝没有维持长久。霍斯蒂利安因病急逝，出征讨伐野蛮族的埃米利安努斯从野蛮人手中抢夺的金银财宝分发给士兵，士兵们立即推举他为新皇帝。但他也是4个月后被部下杀害。以下犯上的恶性循环迅速地蔓延。

在这种混乱中作为监察官，在战场赶走哥特族回归的奥勒良（普布里乌斯·利奇尼乌斯·瓦勒瑞安努斯），没有背叛或谋反就成为皇帝。当时他是极其罕见的很般配皇帝名称的人物。但他已经60岁了。罗马帝国四面八方受到野蛮族的侵略，在国内以下犯上的谋反接连不断。他认为想要统治罗马，必须要共治制。但他以共治制安排自己的儿子加里恩努斯是不可挽回的失误。

萨珊波斯王朝的沙普尔一世（王）控制美索不达米亚，破坏和掠夺幼发拉底河两岸，奥勒良皇帝亲自出征讨伐。但不可思议地被波西军包围而被俘（公元260年，埃泽萨的屈辱）。

奥勒良皇帝不能容忍作为囚犯的屈辱冤死狱中，统管罗马帝国西部的儿子加里恩努斯就成了独立皇帝。但他不仅无能且疑心重，还非常残暴，因此很多地区发动了政变。其结果至少出现了19名僭主。（东部行省5名，包括高卢的西部行省14名）。僭主是指以武力篡夺皇位自称皇帝者。僭主中有制造头盔和铠甲的铁匠出身者，也有元老院议员，但大部分是军人。就这样罗马陷进了难以控制的旋涡中。

罗马的分裂和灭亡

切断叛乱和僭主恶性循环的解放奴隶出身的军人皇帝戴克里先，早知道一个人是无法统治这庞大的帝国。因此他成为皇帝后把自己定立为正帝，立农夫出身的军人马克西米安立为共同统治者奥古斯都、伽列里乌斯和君士坦提乌斯一世立为副帝（恺撒），开始了四帝分治。（公元293年）

君士坦提乌斯一世恺撒负责高卢（北意大利、法国、比利时一带）、西班牙、不列颠（英国）的防卫；伽列里乌斯恺撒负责伊利里亚（从阿尔巴尼亚的多瑙河到北部的伊斯的利亚、东部的萨瓦河为止）的所有行省的防卫；马克西米安奥古斯都负责意大利和非洲；戴克里先皇帝自己负责色雷斯（thracia，巴尔干半岛的东部地区的地方）、埃及及亚洲所有行省。当时这三个奥古斯都和恺撒对戴克里先很忠诚，这只是分别统治，而不是分裂。即建立了4名皇帝共同统治广阔的帝国，受到野蛮族侵略时相互支援的体系。

军队也同样。这4人共同掌握，行使主权，他们共同签名的敕令在所有地区发挥同样的效率。但这样的统治方式要满足苛刻的前提条件，即中心的正帝和奥古斯都不能反目，两个恺撒也没有野心，4名皇帝一致追求全体利益。拿音乐来作比喻，由优秀指挥者指挥才能发出绝妙的四重奏。但再好的体系若没有有效运营的人也会全都像废纸一样。这个分割体系有盖克里先的存在，才有可能实施。

从此开始罗马中心就被破坏了。实际上只不过几年就分为东罗马和西罗马。皇帝中的皇帝盖克里先不仅没在罗马安排住处，在位期间只访问过一次罗马。加上盖克里先统治20年期满后的第21年公元305年主动退位，马克西米安也响应5月1日同一天退位。盖克里先说在所有技术当中最难做到的就是"退让的技术"。解放奴隶的世系中成为皇帝的盖克里先，人生的最后9年是以平凡的平民度过的。真正的领导该退出时就应该知道退出。（但盖克里先没过多久又重新回到皇帝的位置）

盖克里先和马克西米安共同退位后伽列里乌斯成为东罗马皇帝、君士坦提乌斯一世成为西罗马皇帝。但西罗马皇帝君士坦提乌斯一世从不列颠尼亚、喀里多尼亚（苏格兰）远征回来的路上在约克咽气。结束隐遁生活重新回到皇位的马克西米安和他的儿子马克森提乌斯、伽列里乌斯的妻侄子塞维鲁斯等6人，都自称皇帝，开始了互相征战。终止这个混乱的人物就是君士坦提乌斯一世的儿子君士坦丁（君士坦丁一世）。盖克里先四帝共制实行了37年后重新回到一人体系。

根据君士坦丁公元313年6月发布的米兰敕令，公认基督教，终于把基督教作为国教。这里有这样的一个传说。君士坦丁与马克森提乌斯就西方皇帝位置对战时，天上出现十字架，下了"拿这个征服"的启示和幻影。看到这个启示的君士坦丁提乌斯战胜了马克森提乌斯，因此公认了基督教。但爱德华·吉本断然否决君士坦丁看到天上很大的十字架的传说。君士坦丁在公元303年把首都迁到拜占庭（伊斯坦布尔）。古都拜占庭从此取君士坦丁大帝的名字，称作君士坦丁堡。

但君士坦丁死后，罗马又以君士坦丁二世（君士坦丁堡）、君士坦斯（西部帝国）、君士坦提乌斯二世（东部帝国）分三人共同统治。但他们互相反目，走了自我毁灭的道路。之后继任皇位的君士坦丁的侄子尤利安在公元363年率领5000名军队，出战征讨罗马宿敌波斯，战死在战场，在战场上急于推举为皇帝的司令官约维安也是回罗马的途中猝死，约维安死后罗马皇位空缺了十日之久。

终于新推举的皇帝是瓦伦提尼安一世将军。他即位后立即公布与自己的亲弟弟瓦林斯共同统治。把罗马重新分东西，瓦林斯统治以君士坦丁堡为首都，从多瑙河到波斯国境的东方帝国；瓦伦提尼安一世自己统治以米兰诺为据点剩下的西方帝国。

结果西罗马帝国在公元375年瓦伦提尼安一世皇帝死后，过了一个世纪后的公元476年灭亡了。但接替公元378年与歌特族的战斗中战死的瓦林斯皇帝登上皇位的狄奥多西一世的东罗马持续到15世纪。

爱德华·吉本判断东罗马和西罗马的寿命之差，不取决于皇帝的资质，而是取决于国境线的长度。他认为西罗马的皇帝要守住比东罗马长几倍的国境线，因此军费造成的财政压力可能非常大。这也是可以参考的事实。战线拉得太长，就不能长久。

繁荣的理由变成衰亡的根源

秦始皇为了抵挡500多年来在中亚蒙古高原兴盛起来的匈奴族，从公元前3

世纪左右开始修筑万里长城。公元前60年，因内部继承人之争而南下的匈奴族融合在汉族，但其余的北匈奴还留在蒙古等地。以后被后汉的远征军追逐的匈奴族某一天在中国历史上消失了行踪。与此同时期欧洲突然出现匈族。这个匈族就是匈奴族。

公元1世纪中期伏尔加河流域的匈族西进，被挤出来的日耳曼一族——歌特族开始南下罗马境内。这是日耳曼族大迁移的开始，随后在马克库斯·奥列里乌斯时期罗马和日耳曼族之间展开了战争。之后公元251年德西乌斯皇帝在与歌特族的战争中死去，公元378年瓦伦斯皇帝被歌特族追赶，被火烧死。

爱德华·吉本指出"基督教的渗透和占领"也不亚于日耳曼族的大迁移，对罗马的没落起到了一定作用。基督教的神职人员把宗教的人间目的放在来世的幸福上，因此比起社会积极性德行，只注重忍耐和消极的态度，引发宗教派别战争。皇帝的关注不是战场，而是倾斜在大公会议上。当然也可以说基督教纯洁而真挚的感化力改变了北方的野蛮族，淡化了他们凶残的性格，反而放慢了罗马帝国急剧灭亡的速度。实际上躲开匈族南下的日耳曼族，接触罗马文明和基督教中不断定居和迁移。他们就像喷发的熔岩慢慢凝固一样，形成了都市，见到基督教被驯化了。所谓"欧洲"就这样诞生了。

罗马的衰亡就像看起来绝不倒塌的建筑物，居然轰然倒塌一样的感觉。因此我们不问罗马帝国是怎样灭亡，反而对长久的存续感到惊讶。繁荣成熟了衰亡的原理预示，随着征服的扩大，破坏的原因也增加。罗马帝国不是因为因果法则倒下的，而是自身的重量而坍塌下来的。

繁荣的极点和衰亡的开始刚好重叠。繁荣达到顶点时，同时出现衰亡的征兆。繁荣的理由也成为衰亡的原因。繁荣罗马的事件与事件的发展，还有衰亡罗马的局面和局面的累积，在长期持续的过程中，终究使罗马这个巨大的结构坍塌下来的矛盾统一的事实，有必要去关注。

某一天与"自己内心的罗马"相遇的时候，《罗马帝国衰亡史》的矛盾统一，能够帮助你机智地渡过每一个关头。

关于《罗马帝国衰亡史》简短的介绍

　　《罗马帝国衰亡史》是一部历史巨著。上起2世纪初实现罗马帝国版图的第11代皇帝图拉真时期，直至1453年东罗马帝国灭亡，重现了1400年的历史。爱德华·吉本发挥博学、远见卓识、超群的想象力的力作。这本书原著共6卷。吉本原计划从图拉真大帝到西罗马灭亡为止，年号公元476年轨迹的内容只写3卷。但因读者的不断要求，写到东罗马灭亡时期。然后撰稿人Deroa.saunders,把这庞大的6卷原著，尽量在保持原著内容的原则上，压缩成一卷。他从1本到3本，即到西罗马帝国灭亡为止的内容整理为15章；讲东罗马帝国灭亡内容的3卷，压缩为最后一章。这样做的理由是罗马的法统在西罗马帝国，吉本自己也原计划只写图拉真皇帝到西罗马灭亡。

　　爱德华·吉本1776年2月发行了《罗马帝国衰亡史》第一卷。那一年是1775年开始的美国独立战争过程中美利坚合众国宣布独立宣言的一年，还是亚当·斯密发表《国富论》的一年。过了12年后的1788年终于《罗马帝国衰亡史》全部6卷完成发行了。

参考文献

第一章　历史，繁荣和衰亡二重奏——兴盛史

〔中〕子告：《管人方略》，韩正恩译，《康熙·雍正·乾隆》，Paranormal 出版社，2004。

〔英〕乔纳森·斯宾塞：《中国皇帝：康熙自画像》，李俊甲译，《康熙帝》，Yeesan 出版社，2001。

〔日〕宫崎市定，车慧圆译，《雍正帝》，Yeesan 出版社，2001。

〔日〕东野君：《康熙刚柔并济治心之道》，许儒英译，《康熙字典：修身齐家》，视野出版社，2004。

〔日〕东野君：《雍正刁钻狠辣狼性之道》，黄宝静译，《雍正词典：治国》，视野出版社，2004。

〔日〕东野君：《乾隆心计手段黑白之道》，宋夏镇译，《乾隆词典：平天下》，视野出版社，2004。

第二章　创意性，创造新文化的力量

［美］米哈里·希斯赞特米哈伊：《创造力：心流与创新心理学》，鲁慧淑译，《创意性的乐趣》，北路线出版社，2003。

［美］米哈里·希斯赞特米哈伊：《心流：终极经验心理学》，崔任洙译，《心流：相遇疯狂幸福的我》，Hanulim 出版社，2004。

［美］米哈里·希斯赞特米哈伊：《生命的心流》，1997/李熙载译，《投入的快乐》，Hainaim 出版社，1999。

［美］霍华德·加德纳：《创造心智——七个不同领域天才研究》，1993/任在西译，文勇林审阅，《热情和气质》，Buksseuneot 出版社，2004。

高桥诚，《创造力词典：创造力的胆汁》，1993/赵京德译，《创造力词典》，每日经济报社，2003。

［美］迈克尔·葛柏：《怎样像达·芬奇一样思考》，孔京熙译，《像列奥纳多·达·芬奇一样思考》，大山出版社，1999。

［美］史蒂文·B.桑普尔：《逆流的领导》，表万洙译，《创造性怪才们的领导力》，GIMM-YOUNG 出版社，2003。

第三章　数字化，统治感觉的帝国

［美］黛安·艾克曼：《感觉的自然史》，白英美译，《感觉的博物

馆》，作者精神出版社，2004。

[日] 大贺典雄，孙正义：《感性的胜利》，李奎亨审阅，《感性的胜利》，中央日报社，1997。

[英] 约翰·伯格：《观看之道》，维京出版社，1972·1995。

[加] 马歇尔·麦克卢汉：《理解媒介：论人的延伸》，朴正奎译，《媒体的理解》，沟通出版社，2001。

[美] 尼古拉斯·尼葛洛庞帝：《数字化生存》，白旭任译，《数字化》，沟通出版社，1996。

[美] 约翰·奈斯比特：《高科技·高思维：科技与人性意义的追寻》，安真焕译，《高科技触摸》韩国经济报社，2000。

[美] 霍华德·莱茵戈德：《聪明的暴民：下一次社会革命》，李云静译，《参与群众：手机和网络武装的新的群众》，Goldenf出版社，2003。

第四章　故事，俘获未来社会的力量

[丹] 罗尔夫·詹森：《梦想社会：为产品赋予情感价值》许贞焕译，《出售梦想和感性的世界（Dream Society）》，Readlead 出版社，2005。

[比] 克洛德·列维–斯特劳斯：《野性的思维》，安正南译，《野性思考》，Hangilsa出版社，1996。

[阿] 豪尔赫·路易斯·博尔赫斯：《想象的动物》，南镇熙译，《想

象动物故事》，喜鹊出版社，1994。郑再西译注，《山海经》，Minumsa出版社，1996。

[美] 弗兰西斯·福山：《信任-社会美德与创造经济繁荣》，具胜熙译，《信托：社会道德和繁荣的创造》，韩国经济报社，2002。

第五章　欲望，永不饱和的市场

[苏] 亚当·斯密：《道德情操论》，朴世日译，《道德感情论》，BBONG出版社，1996。

[英] 格雷戈里·贝特森：《一个生态的思想步骤：收集在人类学、精神病学、进化和认识论论文》，朴大植译，《心里的生态学》，BKWORLD出版社，2006。

[美] 霍华德·加德纳：《智能的结构》，1983。

[美] 霍华德·加德纳：《改变思维》，李贤宇译，《变化的思维：动摇人心的7项杠杆》，才人出版社，2005。

[美] 霍华德·加德纳：《领导智慧》，宋启栋译，文永林检阅，《洞察和包容》，Buksseuneot出版社，2006。

[美] 霍华德·加德纳：《创造思维：一个解剖学的创造力通过弗洛伊德的生命，爱因斯坦、毕加索、斯特拉文斯基，艾略特，格雷厄姆和甘地》，任再书译，文永林检阅，《热情和气质》，Buksseuneot出版社，2004。

［美］玛格丽特·米德：《萨摩亚人的成年》，1929·1973。

［美］玛格丽特·米德：《三个原始部落的性别与气质》，1935·2001。

［美］玛格丽特·米德：《三个原始部落的性别与气质》，1935·2001。

［美］托马斯·库恩：《科学革命的结构》，赵亨译，《科学革命的构造》，梨花女子大学出版部，2006。

［英］马尔科姆·格拉德威尔：《引爆点》，任玉姬译，《引爆点》，21世纪出版社，2004。

第六章　诱惑，无声的占领军

［英］罗伯特·格林&朱斯特·艾尔弗斯：《诱惑的艺术》，姜美静译，《诱惑的技术》，意象，2002。

伊丽莎白·史蒂文斯Prioleau，《富有魅力的女子：妇女被玷污的世界和他们失去爱的艺术》，姜美静译，《诱惑的技术 2：迷惑世界的女人们》，意象，2004。

［英］艾莉森·维尔：《亨利八世的六个王后》，朴美英译，《亨利八世和女人们1，2》，Rubybox 出版社，2007。

［美］约瑟夫·奈：《软实力：世界政治中的成功之道》，洪秀元译，《软实力》，世忠研究院，2004。

第七章 风度，打开心窗的钥匙

［德］诺伯特·伊莱亚斯：《文明的进程》，柳熙洙译，《风度的历史：文明化过程》，申曙圆出版社，1995。

［德］诺伯特·伊莱亚斯，《文明的进程》，朴美爱译，《文明化过程Ⅰ，Ⅱ》，约瑟夫·奈，JR出版社，1996·199。

［德］诺伯特·伊莱亚斯：《宫廷社会》，朴汝成译，《宫廷社会》，Hangilsa出版社，2003。

［美］乔治·赫伯特·米德：《心灵、自我和社会》，1934。

［美］马文·哈里斯：《牛，猪，战争和女巫：文化之谜》，朴钟烈译，《文化的谜底》，Hangilsa出版社，1998。

第八章 战争，先得人心

［美］小埃德加·F.普里尔：《十九颗星：对美国四位名将之研究》，李民秀，崔民正共译，《指挥灵魂的领导力》，书世界出版社，2005。

［美］约翰·莫雷：《为成功而打扮》，李镇译，《成功男人的着装》，黄金树枝出版社，2005。

［美］沃纳·蒂基·库斯滕马赫，罗萨·赛韦特：《如何简化你的生活》，柳慧子译，《单纯地生活》，Gimmyoung 出版社，2002。

［美］阿兰·阿克塞尔罗德：《艾森豪威尔论领导：艾克全面成功管理教

训》，柳炳太译，《艾森豪威尔的领导力》，Ajine出版社，2007。

约翰Wukovits和韦斯利·克拉克，《艾森豪威尔自传》，Pargrave Macmillan，2006。

［美］阿兰·阿克塞尔罗德：《巴顿论领导力商业竞争的战略》，柳慧静译，《巴顿的领导力》，自由门学社出版社，2000。

［美］斯坦利·赫什森：《巴顿将军：一个军人的生活》，全京花译，《巴顿将军1，2》，Eroomgng 出版社。

Jack Uldrich，《军人，政治家，和事佬：来自马歇尔的领导力课程》，2005 /罗锺南译，《乔治·马歇尔的领导力》，商务地图出版社，2007。

［美］迈克尔·沙勒：《道格拉斯·麦克阿瑟：平凡的远东》，柳江恩译，《道格拉斯·麦克阿瑟》，Imagin出版社，2004。

［美］道格拉斯·麦克阿瑟：《回忆》，1964 /潘光式译，《麦克阿瑟回忆录1，2》，Ilsin图书出版社，1993。

［美］弗雷德·格林斯坦：《总统差异：领导风格，从罗斯福到克林顿》，金起辉译，《伟大的总统有什么不同》Wisdomhouse出版社，2000。

第九章 冒险，失败面前不要低头

［美］艾尔弗雷德·兰辛：《耐力：沙克尔顿的惊人之旅》，柳慧静译，《沙克尔顿的伟大的航海》，Ddstone出版社，2001。

［美］卡罗琳·亚历山大（作者），弗兰克·赫尔利（摄影师）：《耐力：沙克尔顿的传奇南极考察》，1998/金世忠译，《南极坚毅号》，Ddstone出版社，2002。

［美］欧内斯特·沙克尔顿：《南方：耐力远征》，1919·1999/崔钟玉译，《欧内斯特·沙克尔顿自传》，Ddstone出版社，2004。

Roland Huntford，《沙克尔顿》，崔钟玉译，《沙克尔顿评传》，Ddstone出版社，2005。

Dennis N.T.Perkins et al.，《从沙克尔顿南极探险的非凡传奇领导力课程：领导在边缘》，2000/崔钟玉译，《沙克尔顿生存领导力》，Ddstone出版社，2001。

马库斯Gressmann和斯特凡·杰恩，《达斯阿蒙森－Prinzip》2003/裴镇亚译，《亚蒙森领导力》，思考树出版社，2004。

第十章　兴盛和衰亡的二重奏——衰亡史

［美］爱德华·吉本：《罗马帝国的衰亡》，6卷，《罗马帝国衰亡史》（前11卷），Daegwang书林出版社，1994。

［美］德罗.A.桑德斯主编：《便携式长臂猿：罗马帝国的衰亡》，黄建译《罗马帝国衰亡史》，喜鹊出版社黄建译，《与画一起读的罗马帝国衰亡史》，Cheongmirae出版社，2004。

〔日〕金森诚也编译《以30个重点读下去的罗马帝国衰亡史》，Bookfriends出版社，2004。

〔日〕盐野七生：《罗马人的故事》，全15卷，金惜姬译，《罗马人的故事》，全15卷，Hangilsa出版社，1995—2007。

〔英〕艾伦·帕尔默：《奥斯曼帝国的衰亡》，李恩静译，《奥斯曼帝国为什么灭亡》，编辑出版社。